侍レスラーの
反骨のプロレス熱闘記

越中詩郎

青春新書
INTELLIGENCE

はじめに

短い夏が終わった。2020年から住んでいる長野・原村は、すっかり秋の気配だ。朝晩の気温は17度前後。天気が悪いと肌寒い日もある。

同時に、これから訪れる長くて厳しい冬の準備に取り掛からなくてはならない。薪割り、灯油の詰め替え、ストーブの煙突掃除。人口8000人の原村は高齢者が元気に働く村として知られているが、生活をしていく上で肉体労働が多いことが影響しているのかもしれない。そして真夏でも冷たくておいしい八ヶ岳の雪解け水、地元で取れる米に新鮮な果物と野菜。大自然が育んだ食材を享受できることも大きいだろう。

涼しくなってくると、楽しみもある。自宅から車で30分も走れば、八ヶ岳温泉が広がる。〝神の湯〟と呼ばれる諏訪の源泉の中でも、抜群の泉質を誇る湯に体を沈めると、45年のプロレス生活で傷ついた体が癒やされるのがわかる。夜空を眺めると、まるでプラネタリウムのように満天の星が広がっている。南の空にはみずがめ座、ペガスス座。思い返すと、プロレス界にも多くのスターがいた。

この45年で幸いにもジャイアント馬場さんとアントニオ猪木さんをはじめ、ジャンボ鶴田さん、藤波辰爾さん、長州力さん、天龍源一郎さんという大スターと同じ時代を過ごし、接することができた。当時では珍しかった全日本プロレス、新日本プロレスというメジャー2団体で選手生活を送ることができた俺だけの特権だと思っている。

8月24日には全日本のご厚意で、後楽園ホールで「デビュー45周年記念大会」を開催してもらった。俺にとってはデビューした古巣だ。7年くらいで出ていってしまっていろいろな道をたどってきたけど、またこういう機会に声をかけてもらって、感謝しかない。馬場さんの付け人を2年くらいやっているから、やっぱり思い入れのある団体だし、プロレスラー人生の原点だから。

何より全日本に入門して良かったのは、合宿所にジャンボさんがいたことだ。一つひとつのしぐさなり生活を体験できることで、「プロレスラーってこういうことなのか」と教わった。新日本では長州さんが「この世界で生きるんだったら練習しろ。家でテレビを見る時間があるんだったら道場に来て汗を流せ！」としょっちゅう言ってくれた。その言葉を守ったから、こうして45周年のリングに立てたと思っている。

記念セレモニーではザ・グレート・カブキさんと天龍さん、藤波さん、後輩の小橋建太、そして空前の〝越中ブーム〟をつくってくれたお笑い芸人のケンドーコバヤシから花束をいただいた。中学生時代の同級生たちもお祝いにかけつけてくれた。天国の馬場さんは、俺がここまでプロレスを続けるとは思ってなかっただろう。

全日本入門からジャンボさんとの出会い、馬場さんの付け人、三沢光晴とのメキシコ遠征、新日本移籍、高田伸彦（現延彦）との戦い、平成維震軍、本当にいろいろなことがあったけど、「あっという間だったな」というのが率直な感想だ。ただし、45周年は俺にとって終わりじゃない。まだまだ通過点だから。これからも「やってやるって」という反骨精神を持ってリングに立ちたい。

多くのプロレスラーと関係者、そしてお客さんに感謝の気持ちを込めて、45年のプロレス人生を振り返りたいと思う。

2024年9月　原村で星空を眺めながら　越中詩郎

目次

はじめに　3

I 挑戦 1958〜

ジャイアント馬場が会ってくれることに――運命の扉が開く　14
ジャンボ鶴田らに徹底的に鍛えられた入門時代　18
とにかくモテた鶴田の意外な一面　22
場外乱闘1 **ジャンボ鶴田のすごすぎる超人伝説**　26
昭和のレスラーたち、リング外での規格外の強さ　32

トップヒールだったブッチャーとシークの場外バトル　36
場外乱闘2　俺が戦った最強の外国人レスラー　39

II　飛躍　1979〜

デビューを果たすも…先輩たちから受けた洗礼の数々　46
ジャイアント馬場の付け人なんかするもんじゃない⁉　50
東洋の巨人、マックにはまってさあ大変　54
〝鶴田以来の逸材〟と鳴り物入りで入団してきた三沢光晴　58
三沢とともにメキシコ遠征へ。命の危険にさらされたことも　62
三沢だけに帰国指令。ひとりメキシコで戦う日々　66

場外乱闘3　レスラー人生での「最高の料理」　70

Ⅲ　熱闘　1985～

全日本プロレスとの別れと天龍源一郎の男気　76
「アジアプロレス」所属で新日本に電撃参戦　80
場外乱闘4　新日本プロレスと全日本プロレスの決定的違い　84
UWFとの戦い。〝人間サンドバッグ〟と言われても充実の日々　91
場外乱闘5　越中詩郎の代名詞・ヒップアタック誕生秘話　95
伝説の「熊本旅館破壊事件」。酔えなかったからこそわかる真相　101

場外乱闘6　〝天才〟武藤敬司の天才たるゆえん　105
ヘビー級への転向。そして藤波辰爾のユニットへ　109

Ⅳ　抗争　1991〜

誠心会館との抗争勃発の真相　114
選手会長を解任され、「反選手会同盟」を結成　118
場外乱闘7　蝶野正洋がいたから平成維震軍も輝けた　122
天龍源一郎とのシングルマッチ！　マサ斎藤が激怒した理由　126
「平成維震軍」と改名。とことんこだわった戦いのスタイル　130

長州力との乱闘に救われた平成維震軍の自主興行 134
天山広吉拉致事件と天龍源一郎メンバー入りの裏事情 138
高田延彦からIWGPベルトを奪いにUインターへ 142
場外乱闘8 アントニオ猪木、底知れぬスケールの大きさ 146

V 不屈 1999〜

平成維震軍の解散、本隊に復帰、そして新日本プロレス退団へ 152
レスラー人生で一番ギャラをもらった三沢との試合 156
場外乱闘9 俺だけが知る永遠のライバル・三沢光晴 160
自分のプロレス観を変えてくれた恩人・藤波辰爾 165

目　次

場外乱闘10　プロレスで食えなかったときにした仕事　168
ケンコバ効果で再ブレーク。ＩＷＧＰ戦で号泣入場したワケ　174
レスラー40周年興行――〝平成〟維震軍の最後の試合　178
場外乱闘11　ビートルズとプロレス　182
65歳を超えても現役。まだまだ「やってやるって！」　186

構成／小坂健一郎（東京スポーツ新聞社）
カバー＆本文写真／東京スポーツ新聞社
ＤＴＰ／エヌケイクルー

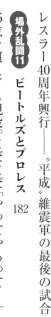

※本書は、東京スポーツ新聞社の東京スポーツ紙および東スポwebに連載された「GET BACK～反骨のサムライ血風録～♯1～30」をベースに、新たに追加した項目（【場外乱闘1～11】）を加えて編集し、書籍化したものです。

I

挑戦

1958～

ジャイアント馬場が会ってくれることに
――運命の扉が開く

1958年9月4日、父・誠太郎、母・よし子の長男として東京・江東区で生まれた。

覚えているのは小学2年のころ、狛江に移ってからだね。

当時はまあ、やんちゃだった。やんちゃじゃなかったら、他の仕事に就いてたよ（笑い）。

学校が終わって帰ってきたら玄関に入らず、庭にカバンを放り出して遊んでいた。

近所に多摩川があって土手があって、場所によっては小川が流れていて遊ぶところには苦労しなかったから。

肥だめに落ちたやつもいたなあ。

そうそう釣り堀があってさ、エサは高いからたばこのフィルターを針につけて金魚とかを釣っていた。そうしたら釣り堀のオヤジが怒って「逃げろ～！」ってね。あとね、多摩川で泳ぎましたよ。本当はダメなんだけど、母親がうるさいからって連れてってくれた。

中学1、2年のころ、多摩川が決壊したこともあって高台の成城に避難した。自宅は被害がなかったけど、同級生で家を流されたやつがいたなあ。

小中学時代は野球をやりたかったんだけど、校庭が狭くてバットを振っちゃいけなかった。

当時から阪神ファン。巨人がV9時代（※）で関東はテレビ中継も巨人だけだから、周りは圧倒的に巨人ファンだよ。

あまりに強いので、そこに向かっていく万年2位阪神の姿が好きだったんだ。そのころから反骨精神があったのかな。

東京工業高（現日本工業大学駒場高）では野球部に入部した。

3年でキャッチャーとキャプテンを任されたけど、レベルは高くないので実力は知れてるよ。

卒業して東電の下請け会社に就職した。

でも2年くらいで「このままじゃ後悔するだろうな」ってふと思ったんだよ。「俺は何をやりたいんだろう？」と考えたとき「ああ、プロレスをやってみよう」って。

ただ当時は入門するのが難しかったじゃん。友達と会場を見に行ったけど、余計に「これは無理。できないな」と思っていた。

それで野球部の監督に「プロレスをやってみたい」と言ったんだよ。そうしたら「わかった。今から行くぞ。一発ぶん殴られる覚悟でいろよ」って、一緒にレスリング部の監督に会いに行くことに。

俺が卒業した高校はレスリング部が強くて、幅を利かせていた。

レスリング部監督は１６０センチちょっとで強かった人なんだけど「俺もでかかったらプロレスラーになりたかった」って言ってくれてね。

レスリング部には全国大会に出るヤツらもいたけど、ヘビー級じゃない。当時、俺は１８５センチくらいあったからね。

「全日本プロレスなら連絡が取れる」と言われ、それからすぐですよ。「１週間後に（ジャイアント）馬場さんが会ってくれるから行ってこい！」って。

こうして運命の扉が開いたんだ。

※長嶋茂雄＆王貞治のＯＮ砲を中心に１９６５年から73年に達成。

ジャンボ鶴田らに徹底的に鍛えられた入門時代

1978年7月28日の全日本プロレス品川プリンスホテルスケートセンター大会。試合前のジャイアント馬場さんを訪ねた。

控室の入り口で本当に馬場さんが来て「練習を見てるのはジャンボ（鶴田）だから待ってな」って「ジャンボ！」って呼んでくれた。何で馬場さんはあのとき俺と会ってくれたのか聞きたかったよね。「人がいなかったからよう」って言うかもしれないけど（笑い）。

ジャンボさんは「1週間後に合同練習が始まるから練習着を持ってきなさい。ただし入門の許可をしたわけじゃないよ。1か月、2か月後になるかわからないけど合否は出すから一緒に練習しなさい」と。

それで1週間後に練習に行って、今に至るわけだ。

馬場さんもジャンボさんも初対面だったけど、でっかいなって。ただ「できそうもないな」という気にはならなかった。2人を見ておじけづくならやんないほうがいいじゃない。


1週間後、自宅の狛江から世田谷区砧《きぬた》の道場に自転車で通った。

坂を上ると20分くらいなんだけど、それもまた不思議でね。小中高と過ごした町の隣だから。自転車をこいで道場に行く道は見慣れた景色だった。

当時の全日本は「三羽ガラス」と呼ばれた渕正信さん、大仁田（厚）のオッサン、園田さん（※）がいて、一番若い園田さんとはそんなに年齢は変わらないけどキャリアが5年くらい違う。大仁田のオッサンは年は1つしか違わないけど7～8年違う。

当時の全日本は雑用する人がいないのは事実だったから、そういうラッキーなところはあったよね。

ただ、若いのは俺しかいないから練習は厳しかった。

初日に受け身を200回くらい取らされ、次の日の朝は起きられなかった。全身筋肉痛でアザだらけ。マットだって硬いし、ロープワークでワキ腹付近にでっかいアザができた。

次の日なんか満足に練習できない上に「何やってんだ！」ってやらされてさ。最低限の練習メニューは入る前からわかるじゃない。腕立ては何百回やらなきゃいけないとか。自分でやってるときは自分のペースでできるけど、先輩と一緒に声出ししながらやると、50回くらいでハアハア言ってしまってね。

スクワットも300回くらい平気でできたのに、100回もできなかった。

当時指導してくれたのは百田光雄さんと渕さん。ジャンボさんが来たときはジャンボさんだった。

その厳しさを我慢したからこその今の自分かなって思うけど、入門1週間は一生忘れない。

ジャンボ鶴田に指導を受ける若き日の著者

（1978.8.10）

入門の許可が出て合宿所に入るまで半年くらいかかったのかな。入門を認めてもらうまでに何十人も辞めていった。

こうしてジャンボさんが寮長を務める寮での生活が始まるんだけど、まあいろいろあってね…。

※園田一治。後のハル薗田。1987年11月に航空機の墜落事故で死去。

とにかくモテた鶴田の意外な一面

1978年7月に全日本プロレス入門を果たし、東京・世田谷区砧の合宿所で寮生活を送るようになった。

寮長はジャンボ鶴田さん。何週間か練習した後「シリーズについてこい」と言われた。

開幕戦は鹿児島。飛行機に乗ったのも初めて。まだジャージーをもらってないから古着をもらって「これを着てセコンドにつけ」って言われてね。

道場からジャンボさん、園田一治さん、渕正信さん、俺の4人はタクシーで羽田空港に向かった。

そうしたら降りるときにジャンボさんが「じゃあ、割り勘ね」って言い出したんだ。「えっ？」って思ったよ。俺は練習生でまだ給料をもらってないのに、1000円だか2000円だか取られたから…。

ジャンボさんは寮長だったけど、ほとんど寮にはいなかった。（小指を立てて）いろんな人の家に行ってたんじゃない（笑い）。とにかくモテたから。道場だけで日に30通、六本木の事務所には段ボールでファンレターが届いていて、アイドル歌手並みだった。

後に三沢光晴や川田利明が入ってきてジャンボさんが寮を出ることになり、俺が寮長の部屋に移ることになった。

寮長の部屋にステレオがあって当然「置いていくよ」と言うのかと思ったら「越中くん、このステレオ、1万円ね」って…。「わかりました」と言ったけどさ…（笑い）。

あと寮の各部屋には電話が置いてあった。

ある夜、突然ジャンボさんが来て「越中くん、今日からピンク電話（※）にするからね。げた箱の上に置いておくから10円入れてね」って、各部屋の電話は全部撤去。NTTが取り付けるんじゃなくて本人がピンク電話を持ってきたんだから。口があんぐりだよ。

寮の電話代を節約するためだろうけど「ケチだな」という雰囲気にはならない。こっちも笑っちゃうみたいな感じだった。

それにしても、練習時間に来ないで、こんな時間に来るなんて…。来る前に一本くらい電話してくれればいいのにね。

当時は巡業が終わると六本木の事務所に行かないといけなかった。

俺は前借りしてるから給料はほとんどないんだけど「シリーズが終わったら顔を出すもんだ」と連れていかれた。

そうしたら各選手の給料袋が束で置いてあって一つだけ立ってるのがジャンボさん。俺なんか5000円もない。そんだけもらっている人が何でピンク電話持ってくるのかな?

ただジャンボさんも大変だったと思う。

馬場さんのパートナーとしてトップにいたけど、グレート小鹿さんたちを飛び越しちゃってるわけだから。

だから宴会になるとジャンボさんは顔を出さないようにしていた。

そうそう、宴会となると小鹿さんなんだよな…。

※特殊簡易公衆電話の通称。色がピンクで飲食店に多く設置された。

場外乱闘1 ジャンボ鶴田のすごすぎる超人伝説

これまでのプロレス人生で、多くの偉大な先輩レスラーと接することができた。

新日本プロレスだとアントニオ猪木さん、長州力さん、藤波辰爾さん。

全日本プロレスだとジャイアント馬場さん、ジャンボ鶴田さん、天龍源一郎さん。

本当に出会いに感謝だね。

みんなすごい選手ばかりなんだけど、若手のころに衝撃を受けたのはやっぱりジャンボさんだね。


今でも覚えているのが、大阪府立体育会館で真夏にやった試合。天井にテレビ中継のライトがあって、リング上は40度以上もあった。

なのにジャンボさん、試合前の控室で「じゃあ越中くん、行ってくるからね」って涼しい顔をしているんだよ。

俺が先導して鶴田さんが入場したんだけど、セコンドについているだけでも汗が噴き出てきた。しかも試合を見てたら、60分近く戦っているからね。終わったら「越中くん、今日はまああだったよ」だよ…。「は？　この人すげえな」と思ったよね。

あの当時は会場にクーラーなんてないし、俺なんか前座でやった試合でハアハア言ってるような状況だよ。もうたまげたってもんじゃない。それがジャンボさんなんだよ。

あのころのジャンボさんは、60分近い試合をこなすことが何度もあったけど、毎回試合後は何ごともなかったかのようだったよ。

俺は馬場さんの付け人を務めていたから、馬場さんのタッグパートナーだったジャンボさんの試合をよく見ていた。

7割くらいはジャンボさんがパートナーを務めていたんじゃない？　地方に行っ

てもほとんどジャンボさんがやっていたから、相当馬場さんは助かっていたと思う。そこは馬場さんも感謝しなきゃいけないね（笑い）。

そういえばジャンボさんの口から「大変」とか「疲れた」「厳しい」という言葉も聞いたことがないし、そういう顔も見たことがない。

俺らはシリーズが終わって東京に帰ってきたら2～3日寝込んじゃうんだよ。体中が疲れているから。

なのにジャンボさんは次の日から「今日は取材だから来たよ」って砧の道場に来て、走りにいくからね。俺らは「勘弁してくださいよ」だよ。そういうのもへっちゃらな人だった。

練習も全部は参加しなかった。寮長として道場に住んでいたときは起こしにいったけど、寮を出てからは気が向いたときに来る感じで。

サンダルでやってきて、ちょちょいってやるからね。もとから持ってるものが違うんだよ。

ジャンボさんがケガしたり、休んだのも見たことがない。それもすごいこと。そりゃ給料袋が立っているわけだよ。もっともっと給料をあげてもよかったと思うよ。

ただね、すごい損してたなって思うのは、何でも平気でこなしちゃうじゃない。ファンは、選手が100％の力を出し切った必死な姿に心を打たれるわけじゃん。それをジャンボさんは50％くらいの力でやれちゃうから。100％の力を出したのは見たことがないって。

だから毎回「今日は流してるな」みたいに見えちゃうんだよ。もちろん、本人はそんなつもりでやっているんじゃないと思うけどね。

そんなジャンボさんの姿を見てるから、病気に負けたのが信じられない。

俺が新日本に行ってからの話だけど、全日本プロレスの記事を見たらジャンボさんが試合に出ていなかったんだ。

東スポの記者に聞いたら、入院しているということだった。

俺はジャンボさんが病に侵されているなんて知らなかったから、病院に飛んで行ったんだよ。

そうしたら行ってビックリ。当然、個室だと思っていたら4人部屋だった。

「全日本はふざけてんな。ジャンボさんが4人部屋はないだろ」って思いながら本人と対面した。

俺は全日本を離れ、新日本に行った身。いろいろ思ってることもあるかなと思ったけど、いつものジャンボさんで迎えてくれた。

「越中くん、壁が迫ってくるんだよ。だから個室はダメなんだ」と言っていた。

ただ、そこまで弱々しくは感じなかったので「またできるじゃないですか」みたいな話をして安心して帰ったんだけど…。

そのときは病状を知らなかったんだけど、それから何か月後かに亡くなった。

実はそのころのジャンボさんは「誰とも会いたくない」と言っていたみたいで、

正面から筋を通して病院に行ったら断られたと思う。

俺の場合は、直接病院に行ったので会うことができたけど…。あれだけタフな人だと知っているから、まさかそんなに早く亡くなるとは思わなかった。

俺はこれまで猪木さんとは何回もタッグを組ませてもらったし、馬場さんも1回はタッグを組んでいる。

長州さん、藤波さん、天龍さんとは戦っているけど、唯一ジャンボさんとは戦ったこともタッグを組んだこともないんだよね。

そこが何か不思議だなって思う。

昭和のレスラーたち、リング外での規格外の強さ

1978年の入門当時、身長は185センチあったけど体重は85キロくらいだった。ジャイアント馬場さんには「早く100キロにしろ」って言われていた。後に付け人になっても「100キロになったら海外遠征に行かせる」と言われ、これがまずプロレスラーにとって一番の関門だった。

でも…太れないよ。練習して移動して年間200試合はあったし、気を使うしで。

当時は巡業に行くと、今のようにビジネスホテルじゃなくて旅館だった。半数以上の先輩は（スポンサーに）お呼ばれされるから「俺の分も食っとけ」と、どっかに行っちゃう。

だから先輩たちの料理を平らげた上に「おひつでご飯ください」って食べていた。

馬場さんたちは個室だけど、俺らが寝るのは大広間。

宴会が始まったらその日は寝られない。熊さん（※1）とかその町、その町でスポンサーがいて、ビールとかの差し入れがある。

1ケースに20本の大瓶が入っていてこれが何ケースか。熊さんはビール3ケースくらい平気だから、とにかく熊さんと小鹿さんがいると大騒ぎになる。

でもね、差し入れがないと宴会は始まらないんだよ。自分らでカネは出さないから。「大熊さん、ビール買ってきましょうか？」って言うと「いや、いい」って（笑い）。旅館の酒は高いから。

差し入れがないと隅っこで飯食って「じゃあな」って寝ちゃう。俺的には差し入れがないほうが良かったわけだよ。

なのに気を使って差し入れしてくれる人がいるんだよなあ。ビールだけじゃなく日本酒、ウイスキーを持ってきて「どうぞ飲んでください」って。

「余計なことすんじゃねえよ、コノヤロー!」だよ。

酒がなくなると夜中の3時、4時に「酒屋を起こしてビール買ってこい!」だから。「ありません」と言うとぶん殴られた。

「小鹿コノヤロー、いいかげんにしろ!」って言いたいくらいだった。こっちは布団敷いて寝たくても、まだ宴会やってるから。

これじゃいくら食っても太れないって。

シリーズ開幕戦の前日も地獄だった。

午前10時くらいから軽い練習をして、ちゃんこ会みたいなのがあるんだよ。そこで暴れるのがやっぱり熊さんたち。寮の応接間とかめちゃくちゃにするから、片付けるのが大変でね。

熊さんなんか自分が履いてきたブーツをトイレと間違えて小便をし出すし…。もう知らないって。

練習もきついし、そういう人間関係で頭がおかしくなりそうだった。

あるときはもらったジョニ黒（※2）があって、一気で飲めって。

「俺は力道山にこれを一気飲みさせられた」って言うんだけど「力道山なんて知らないよ、こっちは」だよ。

そこで急性アルコール中毒にならなかったのが不思議だよ。

まあ練習、試合以外の強さもないと残れない世界だったということだよね。

※1　大熊元司、大相撲出身。グレート小鹿と「極道コンビ」を結成。
※2　高級ウイスキー「ジョニーウォーカー　ブラックラベル」。

トップヒールだったブッチャーとシークの場外バトル

1970年代後半から80年代の全日本プロレスは、外国人選手もバラエティーに富んでいた。アブドーラ・ザ・ブッチャーにザ・シーク、そしてミル・マスカラス。巡業中は俺がお世話をすることが多かった。

マスカラスは荷物が多かったんで大変だったよ。でかいスーツケースを3つも4つも持って移動するんだけど、中身は全部コスチューム。それを俺が1人で運ぶんだから。

そうそう、これはデビューした後、メキシコ遠征での話なんだけど。

バスに乗って5～6時間移動して会場に行ったことがあった。「どんな街?」って聞いたら「ロスに近い国境に近い田舎街だよ」っていうから、地元の選手と試合をするんだろうと思っていた。そうしたらマスカラスがいて俺とタッグを組んだ。昔はカバンを持った相手と組むんだから、不思議な感覚だよね。

その後もフリーになって新日本プロレスに戻ったときだから２００７年かな。浅井（嘉浩＝ウルティモ・ドラゴン）に「久々にメキシコに行きたいな」って言ったらブッキングしてくれてね。「何かリクエストありますか？」と聞かれたから「久々にマスカラスに会いたい」って言ったんだよ。

そうしたら「僕、連絡取れます」とコンタクトしてくれたんだけど「７時にホテルでアポが取れました。越中さん、間違えないでくださいね。朝の７時ですから。マスカラスは夜は早く寝ちゃうんで朝しか会えませんから」って…。

こっちは前の晩に試合して２時過ぎにホテルに帰ってきてるんだよ。

「バカヤロー。それにしたってテメー、朝の７時かよオイ！　それを先に言えよ！」ですよ（笑い）。でも本当にブッキングしてくれて、３人で朝飯を食いましたよ。

あと新弟子時代のブッチャーとシークの話もしようか。ブッチャーは最終戦が終わると俺を呼んで、「お前、シークからいくら小遣いをもらった?」って聞いてくる。

「もらってないですよ」と言うとニタッと笑って1万円くらいくれるんですよ。

「シークはくれないだろ?」っていうのが彼の自慢。相当意識しているわけですよ。

こっちは「3万くらいよこせコノヤロー」って思っていたけど(笑い)。

俺が入門して2年後に後藤政二(※)が入ってきたけど、仕事は楽にはならなかったね。あのバカ、全く使えないから、言ってもわからない。

落ち着いたのは、さらに1年後に三沢光晴が入ってきてからかな。例えばガウンを畳んでおけよとか言うと、三沢は一発でわかる。後藤は何回言ってもダメだったから「テメー、何回言わせんだコノヤロー」って。三沢の1年後に川田利明が入ってきて、冬木弘道が入ってきて道場がにぎやかになってうれしかったね。

そんなとき、馬場さんから…。

※後のターザン後藤。1989年からFMWで活躍し、2022年5月に死去。

場外乱闘2 俺が戦った最強の外国人レスラー

45年のキャリアでいろいろな選手と戦わせてもらったけど、不思議と外国人選手とはそんなにやる機会がなかった。

数少ない戦いの中でも、印象に残っているのはルー・テーズだね。メキシコ遠征に行く前の全日本プロレスは佐藤昭雄さんがマッチメークをやっていて、1983年に若手が参加した「ルー・テーズ杯争奪リーグ戦」をやってくれた。

4月22日札幌大会の決勝で俺は三沢光晴に勝って優勝したんだけど、特別レフェリーをルー・テーズがやってくれた。

そのシリーズだったと思うけど、彼もリングに上がっていて、確か俺と国際プロレスから来た菅原伸義（後のアポロ菅原）が1日交代で相手をしたんだよね。

地方大会でシングルを3試合くらいやったかな。俺がまだ24歳で、ルー・テーズは66歳だった。

とにかく「頑固だけど、このオッサンすげえな。さすが世界のトップを張った人だなって」って思ったよ。

だってルー・テーズって言ったらすごい選手だったわけじゃない。俺はデビュー4年の動ける体だよ。それなのに子供扱いされたからね。オーラもあるし。

で、ルー・テーズ杯で優勝して彼からトロフィーをもらったんだけど、本当、そのシリーズのためだけに来てくれたんだよ。

その後にルー・テーズ杯が続いたわけじゃないし。俺らも現役時代をよく知っている世代じゃないけど、伝説の人と戦えたのは良かったよね。

ルー・テーズとの試合が終わって「チクショー」って控室に引き揚げてきたら、ジャイアント馬場さんは笑ってたよ。

ああいう馬場さんの笑いを見たのは他の場面でもあった。

俺はね、馬場さんと一度だけタッグを組んだことがあるんだよ。84年3月にメキシコ遠征に行く前、壮行試合を組んでもらってね。俺と馬場さんと阿修羅原さんが組んだのかな。

馬場さんの心意気で組んでくれたんだろうけど、相手はブルーザー・ブロディら外国人3人だった。

ブロディにドロップキックをくらって外まで吹っ飛んじゃったよ。あわくって馬場さんのほうに行ったら、ニタッて笑っていた。

「必死にやったのは分かるけど、通用しないな」みたいな笑いだよ。あれは忘れられないね。


あと、これもメキシコに行く前だったと思う。タイガー・ジェット・シンに東南アジア遠征に呼んでもらったことがある。

インドネシアとかシンガポールとか4か国くらい回ったんだよ。

そのときにやったのがボボ・ブラジルだよ。シングルマッチで30分くらいやった。行く前はどんな選手が来ているのか、誰とやるのかもわからない。現地でカードを知ってビックリだよ。

全日本の前座でやってる人間なのに、セミファイナルに「ボボ・ブラジルvs越中詩郎」って書いてあるんだよ。

試合は…アイアンヘッドバット（ココバット＝頭突き）くらって頭がボーンって…。アイアンヘッドバットってこういうことなのねって思ったね。

なにせ、相手は2メートル近くあって120キロくらいあったから。俺はまだ90キロあるかないか。あれは貴重な経験だよ。

あと印象的なのは、2年目か3年目のときに大木金太郎さんが韓国の試合に呼んでくれたんだよ。そのとき初めてメインに出場した。

ソウルの大会でプリンス・トンガと組んで、大木金太郎さんと、その息子さんのタッグマッチだった。地方の競技場が超満員だよ。

試合は…あの強烈な頭突きが、俺の目とか鼻にぶつかってくるんだよ。「何だこの人は？」って思ったよ。えらい目に遭ったなって…。

大木金太郎さんとは韓国で3回くらいやらせてもらった。全日本のシリーズが終わると、次の日から韓国に行くんだよ。

長いときで2週間のシリーズ。最初の1週間はソウル、残り1週間は地方でみたいな感じで。

当時の大木金太郎さんは日本ではトップだから、メインで馬場さんたちとやっていた。俺なんか1試合目か2試合目。

それが韓国遠征に行くと、大木金太郎さんと対等にやらせてもらったわけだから。そのキャリアでそういう選手とやれたっていうのは自信になったし、肥やしになったよね。

今思うとルー・テーズ、ボボ・ブラジルと同じくらいインパクトのあることだった。

ちょっと余談だけど、海外の試合で記憶に強く残っているのが新日本プロレス時代の試合だね。

80年代後半に坂口征二さんに言われて、オーストリアのウィーンに行ったんだよ。野上彰が修行で行っていたから「様子を見てきてくれ」ってことで、現地で合流して。

毎日、土俵入りみたいな感じで選手がリングに上がって、俺は最終試合でCWA世界ミドル級選手権試合で、王者のスティーブ・ライトに挑戦した。

4分のラウンド制で15R勝負。野上をセコンドにつけて12Rか13Rまでやったのが印象に残っているね。

Ⅱ
飛躍

1979～

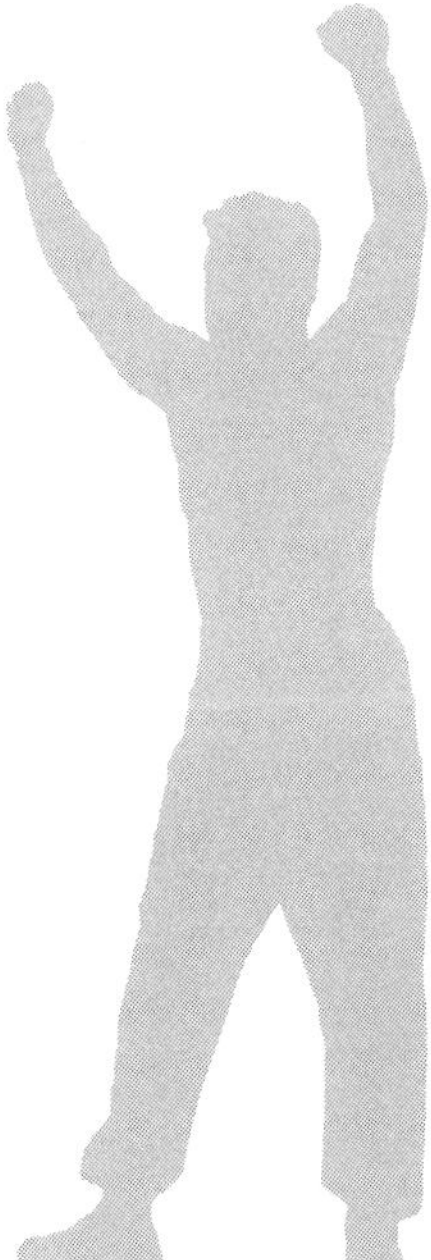

デビューを果たすも…先輩たちから受けた洗礼の数々

1979年3月5日の全日本プロレス千葉・館山市民センター大会。俺は園田一治さん（ハル薗田）を相手にデビューした。

入門から8か月だ。シリーズ開幕戦が後楽園で、トイレでジャイアント馬場さんに「明日やれ」と、急に言われた。

でも、実は入門2か月くらいで若手のバトルロイヤルに出ていたんだ。

試合前にグレート小鹿さんが会場をグルグル回ってスポンサーを探すんだよ。お金持ち風の人がいたら、小鹿さんが「若手のバトルロイヤルやるんだけど、3万でも5万でも出してくれない」って声をかける。

それでOKが出ると、急に取組表にバトルロイヤルが入る。小鹿さん、そういうのうまいんだよね。

デビュー戦のとき、まだ自分のクツ（シューズ）は作れなかったので「クツがないです」と言ったら馬場さんが「最初のクツは俺が出すから」と言ってくれたけど、間に合わないから百田義浩さんのを借りた。

コスチュームは外国人選手に星のついたトランクスをはいてるやつがいて「一つ余ってないか？」と言ったら快く貸してくれた。


試合は何も覚えてないね。何もできずに終わったから。

それ以降は試合を組んでもらうようになった。でも、ちょっとしたら渕正信さんも園田さんも大仁田のオッサンも海外に行ってしまったので、残ったのは林幸一さん（ミスター林）、百田兄弟（義浩＆光雄）、伊藤正男さんらベテランの方たちばかりになった。

後藤政二（ターザン後藤）もデビューまで時間がかかったんだよ。1年くらい。三沢なんか5か月でデビューだからね。

で、後藤が試合をできるようになって、三沢が出られるようになって、冬木弘道とか入ってバラエティーに富んだ試合が組めるようになった。


先輩の洗礼もあったな。グレート小鹿さんや大熊元司さん、ザ・グレート・カブキさんは大先輩だからね。

小鹿さんなんか、わざとガーン、ダーンって頭突きをやってくる。何回「ふざけんな！」って思ったか。

だから今、小鹿さんは俺とはやりたがらないんだよ。この前、試合をやったとき「コノヤロー、よくも昔はやりやがったなっ！」って思い切り蹴っ飛ばしたら、「おうおう、やめてくれ！」って言ってた（笑い）。


昔の人はめちゃめちゃな生活をしていたけど、試合は絶対に休まなかったし、夜中に酒を飲んでも平気な顔してやっていた。とにかく馬力はすごかったね。

今と違って試合数も多かったし、移動も大変だったわけじゃない。空港に行ったり駅へ行ったりして。

そう考えると今の選手は幸せだよ。個室があって自分の時間があるから。俺のときはプライベートがないからね。

試合会場に行けば同じ控室で、帰ると大部屋で宴会が始まるとえらいことになる。特に俺の場合は馬場さんの付け人を務めたんだけど、それがまた大変で…。

ジャイアント馬場の付け人なんかするもんじゃない!?

1978年に入団した全日本プロレスの若手時代、ジャイアント馬場さんの付け人を務めた時期があった。

大仁田のオッサンが付け人だったんだけど、彼が海外遠征に行くと決まり、俺が後藤政二（ターザン後藤）に押し付けたんだよ。

その代わり、俺はジャンボ鶴田さんの面倒を見たり、外国人選手のアテンドしたりして、しめしめと思っていた。

そうしたら、後藤のバカが1週間もしないでクビになってさ。馬場さんから直接電話があって「テメー、コノヤロー、越中、お前がやれ！」って。

あっ、バレちゃったかって（笑い）。

とにかく馬場さんの付け人は大変だよ。

当時は年間200試合くらいしてたんだけど、まず自分の時間が全然ない。

朝、馬場さんを起こしに行くと「バスに乗らない」と言うんだよ。慌てて大きい荷物を後藤とかに言って詰めて「バスに積んで宿舎に降ろしてくれ」って指示して。俺はショートケースを持って馬場さんと駅に行く。

そこでチケットを買ってくれればいいけど「入場券でいい」って、汽車に乗って車掌が来たときに料金を払うんだよ。これが面倒くさい。

しかも疲れているからウトウトしちゃうじゃない。そうしたら「ファンが来て『サインしてくれ』と言われて俺が起こされたらどうする？　お前が寝てどうするんだ！」って怒られる。だから寝られない。

ようやくホテルに着くと、真っ先にやることがある。

備え付けのベッドは短いので、209センチの馬場さんのために延長をつくらないといけない。

そうしたら、今度は延長した部分が硬いとか軟らかいとか高さがおかしいとか、とにかくうるさいんですよ…。

地方巡業では食事まで「一緒に来い」と言われる。本当はてめえで飯を食いたいんだけどね。

そして気をつけないといけない部分がある。

あれは確か富山だったかな。「好きなもん食え」と言ってくれればいいけど、すし屋でトロとかウニを頼むと「お前、ウニ食ったな、コノヤロー！」と怒られるから。

食後もすぐ寝てくれればいいんだけど、ホテルのラウンジで午前1時、2時までコーヒー飲んで寝てくれない。

こっちはまだ洗濯もしなきゃいけないし。もうクタクタだよ。

ときには馬場さんのタイツに霧吹きをシュッシュとかけて「洗いました」って渡したこともあったな。

それくらい知恵を使わないと休めないからね。

ただ、ブッチャーが参戦しているときに、シューズのヒモを拭かないときがあったんだよ。

そうしたら「何で血がついてんだ、コノヤロー！」って怒られた。毎日ヒモを外して洗ってらんないよ。

もう「アブドーラとはやらないでくれ」って思ったね。馬場さんの話はまだまだあってさ…。

東洋の巨人、マックにはまってさあ大変

若手時代にジャイアント馬場さんの付け人を務めたときの話はまだまだあるんだ。

食事をしてホテルのラウンジにいたら、あいさつに来た方がいた。サザンオールスターズの桑田佳祐さんだよ。

馬場さんも立って「どうも」ってやればいいのに、座って葉巻をくわえたまま。

しかも帰った後「誰だっけ?」ってね。

「有名なミュージシャンですよ」と言うと、

「ゴダイゴ（※）か?」

よくゴダイゴを知っていたなって思うけど「サザンの桑田佳祐さんです」って教え

たら「ほお、そうか」って。

馬場さんが愛用した東京ヒルトンホテル（現ザ・キャピトルホテル東急）では高倉健さんがあいさつに来たことがあった。

健さんに対しても、馬場さんは立ち上がらなかったからね。

あと記憶に残っているのは北海道巡業の話かな。

とにかく移動距離が長い。札幌から釧路まで、バスで約10時間かかる。

半分くらいの「旭川まで行こう」となって「そういえば何も食べてないな」っていう話になった。

俺が「どこも店は開いてないですよ」と言ったのに馬場さんは「腹が減った」ってカリカリカリカリしている。

そうしたら、奇跡的に1軒だけマクドナルドがあったんだ。でも「マックなんか食わない」ってね。

俺も腹が減っていたから、運転手をしていた（リングアナウンサーの）原軍治さんに「ハンバーガーでも食べましょう」って。

ビッグマックやフィレオフィッシュを買って車に戻ると、馬場さんに「だまされたと思って食ってってくださいよ」。

もう、食わせるのも大変だったんだよ。


で、どうなったと思う？

フィレオフィッシュを口にした馬場さんは「おい、世の中にこんなにうまいものはない！」って言い出してさ…。

こっちは口があんぐりだよ。ひと口食って「ペッ！」ってやるのかと思ったら、まさかの反応だったからね。

ただ、困ったのはその後だよ。それから1週間、毎日「フィレオフィッシュ買ってこい！」だからね。

1日に10個くらいは食べてたよ…。

あと馬場さんは葉巻とかたばこが好きでね。ショートホープだったら2回吸ったらもうなくなっちゃう。「ああ、もうねえや」って。

とにかく肺活量がすごかった。シリーズ中は葉巻もケースで持ってきてたからね。

だけどシリーズの途中で、グレート小鹿さんからトイレに呼ばれるんだよ。

何かと思ったら「馬場さんの葉巻、2～3本持ってこい」って…。

小鹿さんはナイトクラブで馬場さんの葉巻を吸っていたからね。

自分で言えって！

こうして俺は付け人をしながら、リングでも結果を残せるようになったんだけど…。

※1970年代後半から活躍した日本の人気ロックバンド。

〝鶴田以来の逸材〟と鳴り物入りで入団してきた三沢光晴

1983年4月22日。札幌中島体育センターで行われた「ルー・テーズ杯争奪リーグ戦」。

デビュー5年目の俺は三沢光晴と決勝で対戦し、優勝を果たした。

三沢が入門したのは81年3月だから、俺より3年後輩になる。

何でも「レスリングの国体で優勝した」「ジャンボ鶴田さん以来の逸材」だとか聞いて、どんなヤツが入ってくるのか身構えた部分はあったよ。

でも謙虚でおとなしい男だったんで、逆に「あれっ?」って。それまでトンパチみたいなヤツしか見てなかったからね。後藤政二（ターザン後藤）とか大仁田のオッサ

ルー・テーズ杯での三沢光晴との決勝戦

（1983.4.22）

ンとか。

三沢は素直だったし、それがプロレスにも出ていた。タッグ組んだときは必ずフォローしてくれたり、そういうタイプはこれまでいなかった。

優秀で練習もこなし、入門から5か月でデビューはなかなかないよ。おとなしかったんで、あまり会話はなかったけどね。

一番印象に残っているのはシリーズに向けて東京駅に行ったときの話。

三沢がホームで「具合が悪いんです」と言うんだ。

見たら顔がまっ黄っき。

「ちょっとおかしいよ。病院で診てもらえ」って帰した。

巡業地でジャイアント馬場さんに報告したら「何で帰したんだ」って怒られたけど、肝炎か何かで即入院。

何で道場で言わなかったんだって思うけど、もし巡業に付いてきたら大変なことになっていた。

このころは佐藤昭雄さん(※)が米国から帰ってきてね。

「全日本のことを考えたら、早めに越中や三沢が海外に行って一人前になってくれれば明るいものが見えてくるんじゃないですか」と進言してくれたんだ。

馬場さんは「俺とジャンボ(鶴田)がいるからいいんじゃないか」という感じだったけど、昭雄さんのおかげでルー・テーズ杯に出たり、メキシコ遠征に行けたりするようになった。

馬場さんは「何でお前がメキシコに行くんだ。お前が行ったら付け人は誰がやるんだ?」と怒ってたけど。そんなこと言われたって、こっちだっていつまでもやりたくないよ…。

俺と三沢は84年3月6日に日本を出発し、メキシコに行く前、昭雄さんがいるサンフランシスコに寄った。

空港まで迎えに来てくれて、自宅に招待してくれた。「これからはお前らが必要だから、頑張ってこい」ってケツを叩いてくれてね。

昭雄さんは言いたいことを言うタイプだったから「お前に何がわかるんだ」みたいな感じで、最終的に馬場さんに嫌われちゃうんだけど、今思うと、何で昭雄さんに任せなかったのかなって。

全日本にはそういう優秀な人がいたんだよね。

こうして俺と三沢はサンフランシスコで2日を過ごし、メキシコに入ったんだ。

※1970年10月に日本プロレスでデビュー。全日本離脱後はWWFで活躍した。

三沢とともにメキシコ遠征へ。命の危険にさらされたことも

1984年3月8日。三沢光晴とともにメキシコの地に降り立った最初に「来週のメインでアレナ・メヒコデビューだから」と言われ、紹介のためにアレナ・メヒコ（編集注：メキシコシティにある屋内競技場で、メキシコプロレス〝ルチャ・リブレ〟の聖地）のリングに上がった。

いきなり何万人の前にだよ。

そうしたら「コシナカ」と言ってるヤツが一人もいないんだ。こりゃダメだなと思ったね。呼んでくれる名前じゃないと。

でも「シロー」「シロー」とは言われる。三沢も「ミサワ」と言ってくれる。シローとミサワは大丈夫だから、その呼び名の前に何かつけないとダメだと思った

んだよ。

次の日、オフィスに呼ばれていたんでタクシーに乗ったら、日産の車だった。「この車、何ていうの?」と聞いたら「サムライ」だと。「日産の車、他にも何かあるの?」と聞いたら「カミカゼ」と教えてくれた。

「三沢、決まったな」だよ。

オフィスで、名前を「サムライ・シロー」「カミカゼ・ミサワ」に変えてくれと言った。

それで試合に出たら「サムライ!　サムライ!」とやんや、やんやだよ。向こうの人は日産の車がカミカゼ、サムライとわかっているからね。

改名して良かった。反応がぜんぜん違ったから。

メキシコでは365日が試合だった。

日本人は俺と三沢しかいなかったんで、プロモーターとしては欲しいじゃない。いろいろなところに呼んでもらい、土日は2試合やらされたりとかしたね。

月曜日にオフィスに1週間のスケジュールが貼られるんだけど、交通費は実費で節約したければバス。

2000円くらいで帰ってこられるけど、片道8時間かかる。飛行機だと45分、2万円くらいかな。

泊まるとホテル代が約5000円。ギャラは歩合制で「今日は1000人入ったから1万円ね」みたいな感じだった。

ただ、アレナ・メヒコに週末に出るとケタが違う。4万〜5万円以上になる。終わってギャラを取りに行かないと、いくらなのか金額がわからないんだよね。

「三沢よ、今日はクタクタだよ。飛行機で行こうぜ」とか言って、たまに飛行機も使ったな。

一番ビックリしたのが、空港で外を見たらプロペラ機が平衡になって止まってないんだよ。昔のゼロ戦みたいなタイプで。

係員が羽根を必死に回している。「これに乗っていくの？　うそだろ」って。しかも機内に入ったら雨漏りしていて「こりゃ、もう日本に帰れないな…」って思ったよ。

あとグアテマラはギャラがいいという話を聞いて「じゃあ行く」となった。だけど現地の空港に着いたら、丘の上から戦車がやってきて、政府軍と反政府軍のドンパチが始まっちゃって。「折り返しでメキシコに飛ぶから、シロー、早く乗れ！」ってね。すぐ飛んでくれたから命拾いしたよ。

そんなとき、日本のジャイアント馬場さんから電話があったんだ。

三沢だけに帰国指令。ひとりメキシコで戦う日々

三沢光晴とメキシコ遠征に来て4か月がたった1984年7月、ジャイアント馬場さんから連絡が来た。

「三沢を何時何分の飛行機にちゃんと乗っけろよ」という指示だった。

こうして三沢だけが先に帰国し、2代目タイガーマスクになる。

メキシコに残された俺は、その後も厳しい環境で孤軍奮闘を続けた。

当時は治安がめちゃめちゃ悪かった。

だってスーパーの警備員が背負っているのが、連発式の自動小銃だから。

毎週日曜日はアレナ・コリセオという後楽園ホールみたいなところで試合だった。

会場までは車に乗せてくれる人がいたんだけど「降りたら体育館まで走れ」って。

メキシコシティの中でも犯罪者が逃げてくるような一番治安が悪い地域のド真ん中に会場があったんだよ。だから警察も入ってこない。

夜にキャバレーに連れていってもらったときなんて、突然「パン、パン」って音がした。

俺らはピストルの音って映画やドラマでしか聞いたことがないじゃない。全く違う音だよ。乾いた音というか。

見ると客が天井に向けて発砲してるわけだ。現地のやつらはみんなわかってるから、机の下に伏せている。

「みんな何やってんだ?」って思っていた俺が最後に隠れたね（笑い）。

そんなところに2年近くもいて何もなかったから「奇跡に近い」と言われた。

もちろん、日本に帰りたい気持ちもあったよ。

あれはアグアスカリエンテスという街に行ったとき。星を見ながら「日本はどっちなんだ？　何で俺はここにいなきゃいけないの？」って思っていたら歩いてくるやつが2人いた。

「越中さんが出るんで試合を見に来ました。この街で料理をつくっています」って。それが日本人だったんだよ。

日本人ってすごい、こんな街にいるのかって。そこでまた立ち直ったね。

そのころ三沢がタイガーマスクになって、オフにメキシコに来てくれた。

「お前に心配されるようなあれじゃねえよ。大丈夫だよ」って言ったけど、彼は彼で大変だったと思う。

あまり評判はよくなかったみたいだし、長州力さんたちも全日本プロレスに来ているし、ひと息入れたかったんじゃないかな。

俺にも感激したことがあった。

新日本プロレスの坂口征二さんと連絡が取れるようになって、ロサンゼルスに2回呼んでくれた。

坂口さんの素晴らしいところは「全日本を辞めてウチに来い」とはひと言も言わなかったこと。

「メキシコで頑張ってるんだってな。俺もメキシコはよく知ってるから。うまいもんでも食って帰れ」って1週間くらい好きなもの食わせてくれた。

そしてハワイでも会ったんだけど、これが人生の転機になったんだ。

場外乱闘3 レスラー人生での「最高の料理」

プロレスラーとして多いときには年間250試合、全国を回ったから、各地でいろいろなものを食べさせてもらったよ。

でも、「一番おいしかったのは何？」って聞かれたら、坂口征二さんと食べた「たぬきうどん」かもしれないね。

全日本プロレスに所属していた1984年3月、俺はメキシコに渡り、85年7月までの1年4か月を過ごした。

メキシコの料理は今でこそおいしいからメキシコ料理店に飛んでいっちゃうけど、当時は全然違うから。

メキシコシティで試合があるときはいいけど、週の半分以上は地方。午後9時から試合が始まるから、最後の試合が終わるころには深夜12時を回っている。

もう店なんかどこも開いてないよ。すきっ腹でバスに乗って帰ってきたりしたね。それにメキシコシティは日本料理屋が何軒かあったけど、地方にはなかった。しかも食べに行っても5割以上当たるから（笑い）。「あれ、イテテテ、何食ったかな？」って。

当時、メキシコにマスコミの方がいて、その方は大剛鉄之助《だいごうてつのすけ》さんと仲が良かったんだよ。大剛さんは新日本プロレスの外国人選手のブッキングなんかをやっていた方だった。

そのマスコミの方から大剛さん経由で「坂口さんが、ロサンゼルスに来ないか？」と言ってるよ」と言われたんだ。「ぜんぜん構いません」と返事をしたら、新日本からロスへの航空券が送られてきた。

新日本に入る前、坂口さんとは3回会っているんだけど、その1回目に会ったときに食べたのが、「たぬきうどん」だったんだよね。

坂口さんはメキシコの食事事情もわかっていたから、「ロスはうまいもん、いっぱいあるから、好きなだけ食べていけ」と言ってくれた。ロスでは日本料理屋に連れていってくれてさ。

メキシコシティで食べる日本食と、ロスで食べる日本食は味が全然違ったね。ロスで食ったほうが断然日本に近い。メキシコの日本料理は形だけで、味なんかは全然…。

とにかくさあ、そこで食べた「たぬきうどん」がうまくてさ。あのときは坂口さんと大剛さん、あとマスコミの人も何人かいたけど、もし周りに人がいなかったら、どんぶりまでなめていたと思うよ（笑い）。

全日本でジャイアント馬場さんの付け人をやっていたときは、馬場さんが愛用した東京ヒルトンホテルでごちそうになったし、地方でも食事に連れていってもらった。

でも基本、馬場さんと一緒に食事に行って、うまかったものはないよ。やっぱりさ、気を使うじゃない。そっちが先だよね。

何とか夕食に付き合わずに逃げ出して、テメーでどっかで食ったほうがうまいなと思うことが多かった。

例えば、馬場さんが試合が終わって「今日はホテルのレストランで飯を食うからお前も来い」と言われて行くじゃん。

同じものを頼むとニラまれちゃう。一応、馬場さんは「お前もステーキ食え」とか言うんだけど、そこで「僕もステーキを」なんて言うとムッとされるから。「じゃあ僕はミートソースがいいです」「カレーライスがいいです」って言うわけだ。

そうすると「うん、お前は礼儀を知ってるな」ってなる。

夕食が終わって馬場さんを寝かしたら、テメーでラーメンを食いに行ったりしてたね。

「ああ、ここで食うラーメンのほうがよっぽどうめえわ」ってなる。それくらい気を使うんだよ。

馬場さんは異常だったから（笑い）。本人も常々「気を使いすぎるくらい当たり前だ」と言っていたしね。

俺は猪木さんの付け人に就いたことはないけど、蝶野正洋とか見る限り、猪木さんのほうが楽だったと思うよ。

坂口さんにロスに呼んでもらったときの話に戻るけど、新日本は大先輩なのに気を使わなくていいんだなって思ったね。

結局、ロスには1週間くらいいたんだけど「おう、明日の9時ごろ朝食食べに下りて来いや」みたいな感じで自由だったから。

やっぱりね、気を使いながら食べる料理っておいしくないんだよ。

坂口さんのときは気を使わないで、いい雰囲気で食べた「たぬきうどん」だったから、余計においしく感じたんだろうね。

Ⅲ 熱闘

1985～

全日本プロレスとの別れと天龍源一郎の男気

１９８５年の新日本プロレスは長州力さんたちが大量に抜けて全日本プロレスに移ったころ。

坂口征二さんも試合を組むのが大変だったみたいで、はっきりは言わなかったけど「こっち（新日本）でやってくんねえかな」みたいな感じだった。

最終的にハワイで「日本に帰って来いよ」と言われた。

ハワイにはアントニオ猪木さんや藤波辰爾さんも来ていて「越中はこっちで頑張るから」って紹介され、ＪＡＬのビジネスクラスのチケットを送ってくれた。

翼にある鶴のマークを見たときは「これで日本に帰れるんだ」って涙がこぼれてきたなあ。

そのときにもう一つ、涙がちょちょ切れる話があるんだけど。

メキシコで頑張って、それなりに稼いだんだよ。でも、当時はペソからドルにも円にも替えられない。

結局、全部紙くずになった。両替所でそれを知って、「えっ、今何て言った？　コノヤロー！」だよ。


こうして85年7月10日、俺はメキシコ遠征から帰国した。

まず坂口さんに言われたことが「(ジャイアント) 馬場さんのところに、あいさつに行ってこい。頭を下げて、一発ぶん殴られてこい」だった。

7月12日に新日本が取ってくれた飛行機で青森の八戸に向かった。

宿舎のロビーでウロウロしていたら、ちょうど天龍源一郎さんが昼飯から帰ってきたところだった。

事情を察してくれた天龍さんは「お前と馬場さんじゃ話にならないから」と一緒に部屋までついてきてくれた。

ところが馬場さんは「今日の試合にお前も来い。（NWAインターナショナル）ジュニアのチャンピオンが小林邦昭だから試合が終わったら『俺が挑戦する』と言え。最終戦で選手権をやれ」と言うんだよ。

「できません」と言っても聞く耳を持たなかった。

「帰ってきて挑戦表明するのに何が問題あるんだ？　お前は全日本の選手だろ？　坂口には何とでも言って丸く収めるから。逆に新日本に行ったらややこしいだろ？」というのが馬場さんの言い分。

もう平行線だよ。

天龍さんも「越中が言ってるのはそういうことじゃなく、最後のあいさつに来たんですよ。筋を通しているんです」と言ってくれたけど、馬場さんは「今日上がればいい。全部丸く収める」の一点張り。

結局「ラチがあかないから、いったん帰しましょう」となった。

ロビーまで天龍さんが送ってくれた。そうしたら「入れとけ」ってスーツのポケットに何かを押し込んでくれた。

タクシーの中で確認したら万札がごっそり入っていた。「野心を持っていていいんじゃないか。もっと大変だけど頑張れ」と後押ししてくれたね。

馬場さんとは、それが最後の別れとなった。腹を割って言ってくれた部分があると思うけど、坂口さんを裏切るわけにはいかなかった。

こうして俺は新日本に移籍するんだけど…。

「アジアプロレス」所属で新日本に電撃参戦

全日本プロレスを退団した俺は、1985年8月1日、アジアプロレス所属として新日本プロレスの両国国技館大会であいさつした。

アジアプロレスは坂口征二さん（当時新日本プロレス副社長）が「お前よう、ワンクッション入れるからよう」って、直接全日本から新日本に移籍するのを避けたんだ。長州力さんたちが直接全日本に行った後（※）だから、心の中では「抜かれたんだから抜き返した」というのがあったかもしれないけど、ジャイアント馬場さんに気を使ったんだよ。

だから俺は坂口さんと馬場さんの間に挟まれていただけ。そもそもアジアプロレスって実体あったのか？（笑い）。いつの間にか名前が消えていたし…。

同じプロレスだけど全日本と新日本は全く違うので、最初はそれに戸惑った。やっぱスタイルだね。全日本は受けで、相手の技をくらって受け身で自分を守るみたいな感じ。

でも、そういうスタイルでいったら新日本ではできないなって感じた。新日本は基本、攻めなんだよ。「試合が始まって組んだときから攻めていけ」っていう。だから受け身の練習より攻めだった。道場の練習から違うんだから。練習も緊迫感があったね。

こうして俺は新日本プロレスに移籍した。

一つの団体で通すのも立派だし、別に自分を正当化するつもりはない。ただ当時はビッグ団体が2つしかなかったし、その両方にいられたのは幸せで、いい経験ができたなと思う。

今振り返っても、最高の選択だった。

あそこで坂口さんに会ってなかったら、一生アントニオ猪木さんとか藤波辰爾さん、長州さんとも会ってない。人間としての幅が広がったと思う。

そもそも、普通なら新日本が俺になんか目をかけないよ。

でも、長州さんたち十何人がごっそり抜けた後で、武藤敬司や蝶野正洋は（84年にデビューしたばかり。

それもラッキーだった。ポンと空いたわけだから。

ただ、アジアプロレス所属として両国であいさつしたときなんか「どこのどいつが来たんだ？」「やっていけるのか？」みたいな反応だった。

だから、1986年2月6日に「IWGPジュニアヘビー級王座決定リーグ戦」の決勝でザ・コブラに勝って、初代チャンピオンになっても受け入れてくれる感じではなかった。

普通ならチャンピオンになって控室に帰ってきたら、みんなで万歳だよ。俺はそのとき1人で万歳もなかった。後ろには誰もいないし、乾杯の音頭さえ取ってもらえなかった。

でも、この孤独さとかはじかれ方とか「お前らにわかるか」っていう思いが、力になっていくわけだ。

だから、プロレスラーとしての人生が続いたと思う。

流れが変わったのは、〝あの男〟と出会ってからだね。

※1984年9月に長州ら後のジャパンプロレス勢は新日本を離れ、主戦場を全日本に移した。

場外乱闘4 新日本プロレスと全日本プロレスの決定的違い

俺は新日本プロレスと全日本プロレスの両団体を経験させてもらった。

今回は当時の俺が感じた両団体の違いについて語ろう。

新日本でいうとアントニオ猪木さん、全日本でいうとジャイアント馬場さん、やっぱりその色なり香りなりが出ちゃうんじゃないかな。そして、それが選手に伝わっちゃう。

例えば試合会場で猪木さんが入ってきたらみんな「気をつけ！」になっちゃう。全面的に厳しさをボーンと前に出す感じかな。

一方、馬場さんが入ってきたらフレンドリーだけど、言葉に出さないどっしり感みたいなのがある。たまにポツンと厳しいことも言うね。

俺がまず感じたのは、その違いだね。

でも俺が思うにどっちがどうじゃなくて、その2人とかかわれたこと自体が財産だよ。

その猪木さんと馬場さんの弟子の人たちもすごい人たちばかりで、その下でやれたのも貴重な経験だと思う。

猪木さんだと長州力さん、藤波辰爾さん。馬場さんだとジャンボ鶴田さんとか天龍源一郎さんだね。


1985年に新日本に移った当初は、やっぱり戸惑った部分があった。練習の入り方から違うから。

新日本は若手が何十人といたから、合同でスタートする。

スクワットから始まるんだけど、山本小鉄さんが道場に来たら、スクワット1000回とかやったね。まあ、みんなヒザを壊していたよ（笑い）。

ただ小鉄さんの偉いところは一緒に汗をかくところ。「1000回な」って言ったら一緒に1000回やるんだよ。それはすごいよ。

全日本ももちろん合同練習があったけど、なにせ人数が少なかったから。渕正信さんら先輩は海外遠征に行っていたから、俺と三沢光晴と後藤政二（ターザン後藤）の3人で一緒にスクワットをやろうとかね。

確かに新日本は厳しかったけど、じゃあ全日本はやってなかったのかと言ったらそんなことはない。みんなプロだから。学生のクラブ活動とは違うからね。

全日本の人は試合前とか幕の後ろで一生懸命一人でやっていた。渕さんなんか汗ビッショリになって腕立てをやっていたから。でも「俺は陰で何十セットやった」なんて言わない。大人だよね。

あと全日本は受け身の練習が多かったね。新日本の3倍くらいあったかな。

全日本の先輩たちからは「自分の体は自分で守れ。どんな角度でどんな技が飛んでくるかわからないから。そういうのがあるのがプロレスだから」と毎日のように言われた。

受け身だけで300～400回はやったね。新日本はやっぱり攻めの練習が多かった。俺は両方やったからよかったのかもね。

あとちゃんこはね、新日本は若い選手を順番に休みにして、ちゃんこ番をするんだよ。

俺はやっていないんだけど、当時だったら飯塚孝之（後の高史）、松田納（後のエル・サムライ）、大谷晋二郎、高岩竜一、金本浩二たち。

彼らは週に1日ずつ休んで、代わりに朝からちゃんこを作る。

だから新日本は練習が終わると至れり尽くせりだった。

シャワーを浴びると、もうちゃんこができていて給仕もやってくれる。ちゃんこの種類も変えて作ってくれるから1週間、毎日違った。

すき焼きの日もあったし、しゃぶしゃぶ、キムチ鍋とか7～8種類あった。新日本のテールスープも最高だったなあ。牛のしっぽを2～3日前から水につけてアクを取って、においを落としてね。

あと、夕方や夜になって「体を動かしたいな」ってときがあるじゃない。道場に行くと、その日のちゃんこ番が「夜はカレーを作っていますから、練習が終わったら食べて帰ってください」って言ってくれることが多かった。だから新日本は、お金がかからなかったんだよ。飯代が浮くって結構大きいよ。そのときはそんなこと考えてなかったけど。

一方の全日本だけど、こっちは練習が終わってからみんなで作るんだよ。だけど人数が少ないから「今日はそば屋にかつ丼でも食べに行こう」って感じだった。

だって練習でヘトヘトになっているのに、そこから作ってまた2時間かかるより、「かつ丼頼んで。今日は天丼でいいや」ってなっちゃうよね（笑い）。3～4人しかいないのにちゃんこを作っても、余っちゃうでしょ。

ここまでいろいろ言ってきたけど、新日本と全日本の違いって一番は坂口征二さんがいるか、いないかだよ。

新日本は猪木さんの下に坂口さんがいた。馬場さんの下には坂口さんになる人がいなかったのがね…。

猪木さんは「坂口に任せる」と細かいところを任せていた。坂口さんがしっかりしていたから、周りの部分を全部やっていた。

一方の馬場さんは誰かに任せることをしなかった。やっぱりその違いが大きいよ。

坂口さんは巡業が終わって東京に帰ると「おう、飯食いにいこう」って感じだった。

安い居酒屋が好きでさ、冷ややっこ食べながらの、みたいなのがね。

そういう席では尻を叩いたりもしなければ、プロレスの話なんてしないよ。「好きなだけ食って帰れ」って感じで。

「きっと何か一つや二つ、言いたいこともあるだろうにな」と思ったけど、一切なかった。逆に馬場さんのときは大変だったけど…（笑い）。

もし坂口さんみたいな存在がいたら、全日本も違ったんじゃないかな。

一時、その役を佐藤昭雄さんがやるんだけど、馬場さんは次第に遠ざけちゃったからね。もっと昭雄さんに任せておけばよかったと思うよ。

ＵＷＦとの戦い。〝人間サンドバッグ〟と言われても充実の日々

１９８６年、新日本プロレスのリングに前田日明、高田伸彦（現延彦）、藤原喜明、山崎一夫、木戸修らのＵＷＦ勢が大挙して押し寄せて抗争がスタートした。

ただし新日本の選手とかみ合う人は誰もいなかった。

Ｕの連中は「俺たちは新日本を出ていってこういうスタイルになったけど、あなたたちにできるんですか？」みたいに胸を張っているし、新日本に残り続けている選手は「アイツら出ていったのに、帰ってきて何でかい顔してんだ」って感じだから意地の張り合いだよね。

俺は新日本の生え抜きじゃないからその辺の事情は全くわからない。

真っ白な気持ちで彼らと向き合ったけど、Uのヤツらは「全日本育ちでしょ？」みたいな感じで、もっとバカにしてきた。

それを肌で感じて、さすがにカチンときたよ。

だから目の色を変えて向かっていったし、自然と試合も熱くなった。


俺が持っていたIWGPジュニアヘビーのベルトをかけて高田とやったのは、86年5月19日の後楽園大会だ。

KO同然で負けたけど、お客さんから拍手をもらったんだ。そのとき、俺も初めて新日本の一員になったのかなって思ったね。


UWFとの抗争では、高田が向こうにいたのが大きかった。蹴られ続けた俺は「人間サンドバッグ」なんて言われたけど「ジュニアの名勝負数え歌」と言ってもらい、わりと評価された。

例えばシリーズが30試合くらいあるとする。

「ジュニアの名勝負数え歌」と言われた高田伸彦戦

（1986.5.27）

Uの選手や外国人選手がいる中で、上の坂口征二さんや藤波辰爾さんは外国人選手とやる。

そうすると俺の相手には毎日、必ず高田が入っていた。

前田・高田組、高田・山崎組、高田・木戸・藤原組…彼らを相手するのは、全部俺だよ。

毎日のように当ててくれたのは（当時副社長の）坂口征二さんだろうし「お前がやってくれれば大丈夫」という会社の信用もあったと思う。

それが2年続いたんだけど、88年のシリーズの頭で「Uは抜けたから」って彼らがポンといなくなってしまった。

Uがいたから俺の株が上がったわけだし、ケガするかしないかくらいの試合を毎日やっていたわけだから、抜け殻みたいな気持ちになった。

すぐにシリーズが始まったけど、高田だったら俺が1発殴ったら2発返ってきたけど、返ってこない。

俺はどうなっちゃうのかな？　って思ったね。

気がつくと「この会場の駅はどこが一番近い？」って聞いて駅に向かっている自分がいた。

「これからのプロレス人生どうしよう」くらいの深刻さがあったから。

そこでよく引き返せたなって思うよ。

こうして高田というライバルを失った俺はジュニアを卒業することになる。

ジュニアに才能を持った覆面レスラーが出てきたのが一つの理由だったんだ。

場外乱闘5

越中詩郎の代名詞・ヒップアタック誕生秘話

侍パワーボム、侍ドライバー'84、ジャパニーズレッグロールクラッチ…。

いろいろな技を使ってきたけど、やっぱり一番思い入れがあるのはヒップアタックだね。

あれもロープの反動を利用した正調式だけじゃなく、自分から突進して放つパターンもあるし、ダイビング式、低空式とさまざまなバリエーションがある。

俺がいつから必殺技にしたのか、振り返ってみよう。

あれは全日本プロレスの若手時代、〝ロスの太陽〟の異名を持ったチャボ・ゲレロと対戦したときだ。

当時のチャボ・ゲレロは新日本プロレスのジュニア戦線で藤波辰巳（現辰爾）さ

んなんかとバチバチやって、1981年8月のシリーズから全日本に来たんだよ。

79年3月にデビューした俺は84年3月にメキシコ遠征に行くまで全日本のリングで戦っているから、ちょうどこの時期、チャボ・ゲレロとシングルで対戦する機会があったんだ。

静岡県の磐田でテレビ中継がある大会だった。

そうしたら俺とチャボ・ゲレロのシングルを最初に映すということになってさ。俺にとってはテレビ中継で自分の試合が映されるのも初めてだったし、それまでそんなに外国人選手とやらせてもらってなかった。

せっかくのテレビだし、何かちょっとアピールしたいなと思ってね。

いい考えが浮かんだんだよ。

チャボ・ゲレロがヒップアタックを使っていたから、「あのヤローがやる前に俺がやっちゃおう」って思ってたんだ。

そうしたら「コノヤロー、何やってんだ！」みたいになって、ボコボコにされてさあ。

スタン・ハンセンがラリアートをやって、後に長州力さんや天龍源一郎さんが使うようになったけど、そのころの時代は人の技を盗むというのはメチャメチャおきて破りだからね。とにかく試合にならなかったよ。

まだ俺も若かったしね。初めてのテレビで少しでもいいところを見せてやろうと思ったら、それどころじゃなくなったよ。

それにチャボ・ゲレロはジュニアのトップだったわけじゃん。何とか俺の名前を覚えてもらいたかったんだよね。越中詩郎というのがいるんだって。それで覚えてくれたかわからないけど…。

ただね、やったときのイメージでチャボ・ゲレロより俺のほうが打点が高いなって思ったんだ。

彼のヒップアタックはたいしたことなくて、胸板くらいの高さだった。俺は相手のアゴをめがけられるなって。

それまで練習ができなかったわけじゃん。もしヒップアタックの練習をしてたら、

「越中は使う気だ」ってバレちゃうんで。

とにかく一発やったときの感覚がよかったんだよ。あいつより俺のほうがすごいぞって。あっ、これは！　ってね。

使い始めたのはそれからだよ。そのときに話にならねえと思ったら使ってない。それに当時、使っている人がいなかったからね。

あとチャボ・ゲレロはシリーズが終わったら帰っちゃうわけじゃない。だから次のシリーズはやりたい放題、ヒップアタックができるわけだ（笑い）。それで磨きがかかったのはあるね。

もちろん、最初はこれから先も使い続け、自分の代名詞になるなんて夢にも思ってなかったけど。

こうしてヒップアタックという武器を手に入れたんだけど、この技を昇華させてくれたのは高田伸彦と長州力さんだね。

新日本プロレスで2人とやるようになったとき、異口同音に否定されたんだよ。長州さんは「あんなの技じゃない」、高田は「あんなのきかない」と言ったのが俺の耳に入った。

得意技のヒップアタックを蝶野正洋に見舞う

（1992.7.31）

「ああ、わかったよ」って思ったね。だったら、彼らとやるときはアゴを狙って失神させるくらいにいってやるって。

その意地みたいなのがヒップアタックを高めていった。もし、そういうふうに言われてんならやめようと思ったら続いてなかった。

それを肥やしにして、この技のすごさをヤツらに思い知らせてやろうという気持ちにさせてくれた彼らのコメントもポイントだったよね。

あそこで「ヒップアタックをバカにするなよ」って思ったから、じゃあ今後はトップロープを使ってやってやろうとか、エプロンから外へ飛んでやろうとかいう発想が生まれた。

これまでヒップアタックをくらって伸びちゃったのが2～3人いたかな（笑い）。今後も大切にするも何も、もう自然に出ちゃうんだって。

正直、最初から最後までヒップアタックでもいいと思ってる。だって、これが俺の名を売ってくれたわけだし。

俺らの時代は全国を転戦し、多いときで年間で250試合くらいこなしていた。

そこで、日本では誰もやらない技をやったわけだから、自分の技になる要因にはなったよね。やっぱ時代だよ。いい時代だったなあ。

伝説の「熊本旅館破壊事件」。酔えなかったからこそわかる真相

新日本プロレス時代に起こった「旅館破壊事件」（1987年1月23日、熊本・水俣市）は今でも記憶にある。

いろんな選手が語ってるみたいだけど、みんな証言が違うんだって？　そりゃそうだよ。

みんな酔っぱらっていたから、覚えてるわけないって（笑い）。

俺はあの状況で酔えるわけなかったからね。

当時の新日本には前田日明たちＵＷＦ勢が上がっていたけど、険悪なムードだった。

だから坂口征二さんが音頭を取って「一度腹を割って酒でも飲もうや」となった。

藤原喜明さんたちが試合を休んで準備をしてくれて、旅館の料理だけじゃなく、ちゃんこも用意された。

豪華だったから「おいしい、おいしい」ってみんな言ってたけど、そんなの最初だけ。

坂口さんが（福岡県）久留米の人だから、知り合いらからおいしいお酒がたくさん届いた。

「お前飲めるか？」から始まって、そこからだよ。

坂口さんは坂口さんで、UWFの連中と一升瓶で一気飲みをやろうとなったんだけど「あれ？　おかしいぞ。ちょっとよこせ！　水じゃねえか！」って前田が怒ってやり合っていた。

若いのはへベレケだし、選手だけかと思ったらリング屋さんもだよ。確か5人いたのかな。みんな倒れていたから「誰が飲ましたの？　明日のリングどうするの？」って思ったよ…。

酒ぐせの悪い後藤達俊のバカは例のごとく暴れてさ。アントニオ猪木さんは隅っこのほうでチョビチョビ飲んでいたんだよ。

それに気づかずに「猪木いるか、コノヤロー。あのヤローがだらしねーからこんなになったんだ!」って後藤が言い出して。

そうしたら猪木さんが「おう、俺はここにいるぞ!」って言ったんだよ。後藤のバカ、急に直立不動になって「お疲れさまです」って。

「テメー、コノヤロー、酔っぱらってないな!」って猪木さんにぶん殴られていたよ(笑い)。


忘れもしないのは藤原さんとドン荒川さん。7階の部屋の窓を開け「根性があるならここから飛び降りろ!」「何てことねえ!」と言い争ってんだよ…。もう止めるのが大変だったたって。

UWF勢の連中は別のホテルに泊まっていたからタクシーを呼ぶんだけど、ロビーを出た外で武藤敬司と前田がフルチンでやり合ってる。

しかも到着したタクシーをみんなで揺らすもんだからドンドン帰っちゃう。旅館の人は泣いてるし、余計に新日本とUWFの関係がおかしくなったよ。

次の日、バスの一番前に座っていた坂口さんが旅館からの請求書みたいのを見ながら「意外と安かったな」と言ったのを覚えている。

翌日の福岡・飯塚市の大会は武藤ら何人かの選手が欠場。

外国人が「昨日の試合でケガさせたか？」ってビックリしていた。

今だったら警察沙汰だよな。

場外乱闘6 〝天才〟武藤敬司の天才たるゆえん

武藤敬司とは不思議な関係なんだよ。

プロレスのキャリアは俺が先輩だけど、俺が新日本プロレスに入ったのは1985年だからね。84年にデビューしている武藤、橋本真也、蝶野正洋の闘魂三銃士は、新日本では先輩になるんだ。


飯もあんまり行ったことないし、腹を割って話したこともない。仕事場だけの関係になるよね。それはやっぱり先輩、後輩っていうのが大きいね。

武藤とはタイプは違うんだけど、三沢光晴に似たようなところがあった。

三沢もそうなんだけど、例えばタッグを組むじゃん。言うのは要点だけ、1個か2個だよ。あとは「リングで臨機応変にやろう」って感じだった。

まあ、武藤も三沢も天才だよね。俺が思っている以上のことをやってくれるパートナーだった。

例えば高田延彦らが対戦相手で、俺と武藤で挑むときも、武藤がちゃんとやってくれるから心配しないんだよ。

しかもフタを開けたらすごかったから。

87年3月20日の後楽園大会では俺と武藤が組んで、高田と前田日明のUWFコンビとIWGPタッグ王座決定戦で対戦したことがあった。あれも武藤の力があって、ベルトを取れた試合だったしね。

三沢もそう。84年3月からメキシコ遠征に行ったときだよ。

2戦目で、俺と三沢はペロ・アグアヨ、フィッシュマンのコンビと対戦した。

日本にも何回か来ていたなじみのある選手だったんだけど、向こうではトップ中のトップ。

G1クライマックス開幕戦で武藤敬司を下す

（1995.8.11）

ジャイアント馬場とアントニオ猪木のBI砲とやるようなもんだ。

しかもメインで60分戦うってなって、リングもひどい状態だったんで心配していた。なのに三沢は100点満点、いや100点以上だった。

タイプは違うけど、パートナーとして予想を裏切られたのはこの2人だな。

しかも武藤も三沢も「こんなのたいしたことないですよ」みたいな顔してたからね。

アントニオ猪木さんが98年4月に引退する前には、武藤と交代で猪木さんのタッグパートナーを務めることが多かった。

対戦したときの武藤も、とにかくすげえなっていうのがあるよね。

これは教えてできることじゃない、レスラーとして持ってるものだと思ったね。

橋本とか蝶野はそういう華麗さみたいなのはなくてゴツゴツゴツした感じだった。武藤と三沢はゴツゴツ感が一つもないから。普通はゴツゴツしちゃうんだけど。


ファンの方の中で一番記憶に残ってる武藤との試合といえば、やっぱり95年8月11日の「G1クライマックス」（両国国技館）になるのかな。

あれはG1開幕戦のメインだった。俺が平成維震軍から唯一の参戦で、武藤はIWGPヘビー級チャンピオン。

俺がパワーボムで勝った試合で、試合後に維震軍のメンバーがリングに上がってきてくれて、齋藤彰俊が肩車してくれたんだよね。

あのとき、彰俊の肩の上から見た光景は今でも忘れられないって。

ヘビー級への転向。そして藤波辰爾のユニットへ

1990年ごろになると、俺はヘビー級に転向した。

ありがたいことに新日本プロレスのジュニアヘビー級では初代IWGPジュニア王座を巻かせてもらい、88年2月にはシングルのリーグ戦「トップ・オブ・ザ・スーパージュニア」(※)の第1回大会を優勝するなど結果を残すことができたと思っている。

ヘビーに転向した理由の一つは獣神サンダー・ライガーの存在だよ。

これからはライガーが時代をつくるんじゃないかと思ったんだ。もう俺が出ていくところじゃないなっていうのがあった。

それにジュニアの相手がいないこともあった。

ＵＷＦが抜けたことで高田延彦や山崎一夫がいなくなり「ジュニアでの使命は終わったな」って思っていた。

ジュニアは１００キロ未満という規定で当時審判部長の山本小鉄さんに体重計に乗せられた。

高田との試合も毎回、体重を量っていたんだけど、１００キロ手前までいってから、もう減量はできないなというのがあった。

だったら今後は、まだ闘魂三銃士（武藤敬司、橋本真也、蝶野正洋）とやったほうがいいんじゃないかって思ってね。

84年にデビューした三銃士は衝撃だったな。最初から会社にプッシュされ、実力もあった。

変な先輩たちがいないのもラッキーだったんじゃないかな。その代わり責任は重大だったと思うけど。

90年には藤波辰爾さんが「ドラゴン・ボンバーズ」というユニットをつくり、そこに入ることになった。

　メンバーは藤波さんと俺、ライガー、ブラック・キャット、飯塚孝之（高史）、南海龍、高見州。

　藤波さんが俺たちを呼んでユニットの方向性などを説明してくれたけど、さっぱり理解できなかったね（笑い）。でもさ、藤波さんに言われたら「ノー」と言えないというか…。


　そういうのを経験しているから、平成維震軍のときはユニットの目的をはっきりさせてあげたいと思った。

「本隊を潰しにいくよ」ってね。まあ藤波さんの言い回しが悪かっただけだけど、維震軍とやってることは同じだと思う。

　とにかくさ、全部が全部いい方向にいってるんだよ。ドラゴン・ボンバーズは最終的にうまくいかなかったかもしれないけど、失敗を糧にみんながその後に上がっていってる。

長州力さんだって1回新日本を出て、帰ってきてるけど「お前は全日本に行ったヤツじゃないか」なんていう人は一人もいないからね。失敗で下を向く人は新日本には誰もいなかった。

ここから、いよいよ平成維震軍につながっていくんだけど、きっかけはささいなことだったんだよな。

※1988年に第1回が行われ、91～93年に連続開催。94年から「ベスト・オブ・ザ・スーパージュニア」に改称。

Ⅳ 抗争

1991～

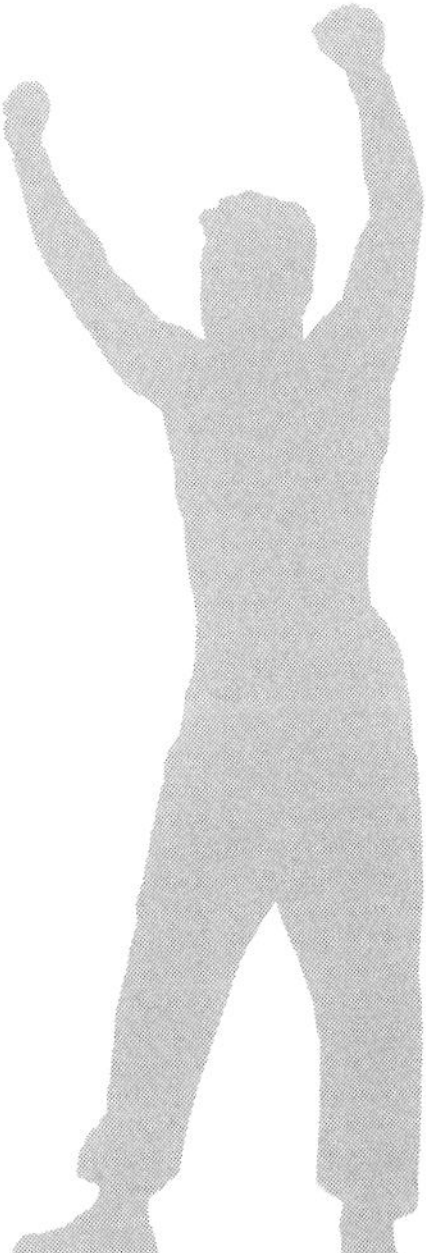

誠心会館との抗争勃発の真相

1991年12月8日。平成3年が終わろうとしていた年の瀬が、平成維震軍設立のきっかけになった。

当時、空手団体「誠心会館」の青柳政司館長が新日本プロレスに参戦していて、後楽園ホールにも門下生を連れてきていた。

その門下生が控室のドアを閉めたときに、閉め方が気に食わなかった小林邦昭さんが手を出してしまったんだ。

俺はその場にいなかったから知らなかったんだけど、俺も後輩が言うことを聞かなかったら蹴飛ばすよね、当然。

ささいなことだけど、このときは新日本の選手じゃなくて誠心会館のヤツだったたから大ごとになった。

長州力さんまで出てきたから。しかも誠心会館も折れなかったからね。

小林さんは間違ったことはしてないとは思っていたけど、俺は困ったなとは思っていた。


その後、何大会かで小林さんと誠心会館の小競り合いがあった後、年が明けた92年1月4日の東京ドーム大会に彼らがやって来るわけだ。

お客さんの反応はブーイングなんだけど、ボルテージがすごかった。

あんなにボルテージを上げるなんて普通はできない。「こいつらすごい」って思ったね。

同時に「やりたいな。俺が行くぞ」みたいな気持ちも芽生えていた。

1月30日の大田区体育館大会で小林さんが誠心会館の齋藤彰俊とやった。

彰俊が勝った後、長州さんに呼ばれて「次はお前が行け！」と言ってくれて「来た！」だよ。

この試合は全試合終了後に行われたんだけど、選手たちはみんな帰ってしまって、残っていたのは俺だけだった。

だから、負けた小林さんが引き揚げてきても控室に一人もいない。選手会との抗争はそこが原因だね。

「体張って出ていってんのに、何でお前らいないんだ?」ってもめたんだ。どんな形でも、全部終わるまで残ってるのが義務だろって思ったからね。

とにかくそこから誠心会館との抗争に火がついた。

2月8日の札幌中島体育センターでは小原道由が彰俊と戦ったんだけど、このときも大変だったんだ。

宿舎で小原の部屋に入ったら、血だらけのバスタオルが積んであった。中に入ると小原の額から血が噴き出している。すぐに「こりゃただごとじゃないぞ。救急車呼べ！」って、病院について行った。

札幌だから、みんな試合が終わったらススキノに遊びに行ってしまって、若手もいなかったから。

　小原も小原で、普通血が止まらないなら自分でわかるじゃん。なのに「何とかなると思いました」なんて言うから「バカヤロー！　なるか！」って怒ったよ。

　あのヤローのおかげで、俺はその日、ススキノに行けなかった。

　この後、俺も抗争に入っていくんだけど、このころはまだ、平成維震軍に発展するなんて想像もつかなかったよ。

選手会長を解任され、「反選手会同盟」を結成

1992年にスタートした空手道場「誠心会館」との抗争は、小林邦昭さんと小原道由が齋藤彰俊に敗れて2連敗。

2月12日の大阪府立臨海スポーツセンター大会では、俺が彰俊と異種格闘技戦で対戦した。

彰俊のセコンドには、空手着を着たのが30人くらいいたけど、俺の後ろには小林さんしかいない。

蝶野正洋たちの間では「何でそんなの相手にしてるの?」みたいな空気だった。

でも、それが逆にバネになるよね。

「何だコノヤロー、新日本の屋台骨支えているのはこっちだろ」みたいな、そういうぶつかり合いになった。

こうして誠心会館の看板をかけた戦いに突入したんだけど、俺と小林さんが誠心会館の興行に参戦したことが問題になった。

結局、俺は選手会長、小林さんは副会長を解任され、新たに蝶野が会長になった。

こうして組まれたのが、7月31日の札幌中島体育センター大会での俺と蝶野のシングルだ。

あのときはスキンヘッドにしたんだ。

以前の越中で行ったら特別なカードを組んでもらった意味がないので、すぐに思いついた。

試合の前日に札幌に入って、理髪店で「ツルツルにやってくれ」と言ったら断られて、2軒目でやってくれた。〝そっちの筋の人〟だと思われたんだよ…。

会場で俺の姿を長州力さんが見たとき「よしっ!」という顔をしたように見えた。〝今まで通りの越中で来ちゃ困るよ〟というのを感じていたから、よかったよ。

黒の道着をはいて、覚悟を見せないといけないと思っていた（99ページ写真参照）。蝶野見たか？　このアピールを見たか？　みたいなのを見せつけたかった。だから勝った負けたなんかで評価されなかった。

もし勝った負けたなら、蝶野に負けて、その後に橋本（真也）に負けてるわけだから終わっちゃってるよ。


この時期、小林さんが大腸がんを患った。そこが悔しかった。

病院に行って「心配しないでください。俺がやっていきますから」と小林さんに言ったのを覚えている。

もとは小林さんが誠心会館ともめてスタートしたわけだから、小林さんが全快して帰ってくるときに、この戦いが頓挫してたら俺の責任だなと思った。

このとき、1人になってしまった俺に、木村健悟さんと誠心会館の青柳政司館長、彰俊が加わった。

これが「反選手会同盟」と呼ばれるようになった。

俺たちは新日本の本隊だけじゃなく、WARとの抗争も開始。

青柳たちには「今シリーズでダメだったら終わりだよ」と言い続けた。

「これは5～6年持つから大丈夫だ」なんて言い方してたら7年も持ってなかったね。緊張感を持たせてたわけだ。

この後に、全日本プロレス時代に縁があった思いもよらぬ人が加入するんだ。それは…。

場外乱闘7

蝶野正洋がいたから平成維震軍も輝けた

新日本プロレス時代の蝶野正洋とは、いつも対立する位置にいた。

１９９２年に俺が選手会を離れたときもそう。先にも話したように、選手会長の俺と副会長の小林邦昭さんが誠心会館の興行に参加したことが問題になって、俺は解任された。

新会長になったのが蝶野で、７月31日の札幌中島体育センターでシングルをやったよね。

なのに蝶野も94年から反体制になり、95年から天山広吉、ヒロ斎藤と狼軍団を結成。96年にはｎＷｏジャパンを結成して、グレート・ムタたちも加入した。

つまり俺たちと同じように反体制のチームをつくってやっていたわけだ。

俺が意識したのは、蝶野と同じ反体制でも、絶対に同じようなものにならないようにしようということ。水と油くらい違う色を出したいというのがあったね。彼らは黒で統一してかっこいい感じだったじゃん。だったらかっこのよさはみんな向こうに持っていってもらっていいから、こっちはメチャクチャ泥くさくいこうと思った。

彼らがスマートな外国人を呼ぶなら、俺たちは日本人でやっていこうってね。それにアイツがペラペラペラペラしゃべるから、だったらそれに付き合わないで、こっちは肝心なところでポンポンって話せばいいなって感じだった。

ヤツらはいろいろな選手が出てきたけど、とにかく俺らは飲み込まれないようにしようと思っていた。

同じだったら意味がないじゃん。だったら、一緒にやればいいわけだから。だから、ある意味やりやすかったよね。

あの時代に平成維震軍が光ったのは、蝶野たちの軍団があったおかげというのもあるかもね。

今振り返るといい時代だった。本隊に長州力さんや藤波辰爾さんがどっしりいたというのも大きかった。

こっちもやりたいようにやらせてくれたからね。


蝶野との試合で記憶に残っているのが1995年11月23日のとどろきアリーナ大会（川崎市）だ。

とどろきアリーナのこけら落とし大会で、メインが俺と蝶野のシングルマッチだった。

この年8月の「G1クライマックス」でIWGPヘビー級チャンピオンの武藤敬司に勝っている俺は、12月11日の大阪府立体育会館で挑戦が決まっていた。

この試合で蝶野に勝ち、IWGP戦へ弾みをつけた試合になったわけだ。

だけど試合後、蝶野と控室でもやりあって、「コノヤロー！」ってイスを投げたんだよ。

そうしたらあのヤロー、よけやがってさあ。壁に当たって穴をあけてしまった。

「よけるなコノヤロー！」だよ。

なにせ新しい会場だったから、修理代が何十万だかかかっちゃってさ。

だけど社長の坂口征二さんからは「次から気をつけろよ」と言われただけだった。

これがもし、ジャイアント馬場さんだったら「お前、弁償しろ！」だったかもしれないな…。

天龍源一郎とのシングルマッチ！　マサ斎藤が激怒した理由

1992年11月17日、場所は福井だった。ザ・グレート・カブキさんが反選手会同盟に加入することが発表された。

俺が全日本プロレスの若手時代に、大先輩だった存在だ。

カブキさんには申し訳ないけど、俺たちの間には最初「えっ？　何で？　どういう力を与えてくれるの？」みたいな空気があった。

それが1発目だよ。カブキさんが合流した最初の試合が、12月1日の千葉公園体育館大会。

俺とカブキさんが組んで、相手に藤波（辰爾）さんがいた。そうしたらアッパーカットで藤波さんをボコボコやってくれるわけだ。

聞いたら2人は日本プロレス以来の再会で、当時の藤波さんはまだぺーぺーだった。でも、そのときの藤波さんとは違って、勢いがあったからね。

あの戦いを見て「これはすごいことになるな」って確信に変わった。しかもカブキさん、俺が俺がじゃなく、越中を立てて、という感じでやってくれた。


このころはWARとの抗争も続いていたから、スケジュールもタイトだったね。

新日本のシリーズが終わってWARに合流し、最終戦が長崎だった。試合は阿修羅原さんとのシングル。

でも、うかつにも旅館で寝てしまって午後4時前にカブキさんから「試合行くぞ」って言われて「はっ!」って起きたことがあった。

それだけ体がボロボロで、当時が疲れのピークだった。だって、毎日、あの天龍源一郎さんとぶつかってるわけだから。

12月14日の大阪府立体育会館大会では、ついに天龍さんとの一騎打ちが組まれた。しかも新日本の年内最終興行のメイン。

社内では「何で他団体のヤツがメインなんだ?」って、グレート・ムタと馳浩のシングルを「メインにしてくれ」と言ってきた。

それを永島(※)が覆さなかった。「お前と天龍がメインをやってくれ」ってね。

昔、天龍さんとは全日本にいたから、なあなあになったらファンに対して失礼だと思った。

一方で、全日本を出るときに俺のポケットに万札を入れてくれた方とこうしてやるのも不思議だなって。

その試合が終わってマサ斎藤さんが解説席から飛んできた。

「お前、こんな試合やって、次のドームで長州がやるんだぞ」って言われ「そんなこと言ったたって、こっちだって必死にやってんですよ」ってケンカになった。

つまり解説席でそれだけのものを感じてくれたんじゃないかな。

93年1月4日の東京ドームで天龍vs長州が決まっていたんだけど、これ以上の試合をやればいいじゃねえかって話だし。

それと新日本の大阪府立体育館史上、最大のお客さんが入ったと報告を受けてうれしかったね。

93年2月には小林邦昭さんが大腸がんから復帰。8月には小原道由、11月には後藤達俊が加入し、反選手会同盟から平成維震軍に改名した。

※元新日本プロレス取締役の永島勝司氏。平成の仕掛け人と呼ばれた。

「平成維震軍」と改名。とことんこだわった戦いのスタイル

1993年11月。俺と小林邦昭、青柳政司、齋藤彰俊、木村健悟、ザ・グレート・カブキ、小原道由、後藤達俊の反選手会同盟は「平成維震軍」と改名した。小原と後藤が加入して、何か〝あっちの筋〟の集まりみたいになったよな…。正直、当時は反選手会同盟で終わると思っていた。

名前を変えて新しく出ていこうみたいな流れになって、マスコミの方が考えてくれたんだ。

だって、うちのメンバーで誰か考えるヤツがいる？（笑い）。他の案があったら「あ、いいじゃない」ってなっていたと思うよ。

そのときも「昭和維新軍（※）があって何でまた…」とか言われたけど「名前じゃね

えんだ」って。中身があれば名前も上がるし、なければ消えていっちゃうだけ。だから正直、そこまで名前は重視してないよ。

長州力さんには「維震軍は何で記事になってねえんだ？　毎日東スポを引っ張ってきて『こう書け』ってくらいやれ！」って言われた。

でも、当時は蝶野正洋がよく発信していたから、同じのは嫌だった。口で蝶野に「ふざけんじゃねえ、コノヤロー」と言っても同じじゃん。だから俺らはリングを見てくれ、リングで発信しているんだというのを訴えたかった。

それに個性のある連中が本隊にも蝶野軍にもいっぱいいるわけじゃん。違いや色をいかに出そうというのが俺の思いだった。

周りから「目立たない」「地味だ」「道着が…」と言われようが、違いを出すためなら非難も甘んじていい方向に受けましょうと考えた。

そもそもインパクトがなくちゃ反発の声も聞こえてこないじゃない。「声が聞こえてくるからいいな」って思っていた。

著者とセコンドにつく反選手会同盟のメンバー

（1993.8.3）

ただ道着は変えないでやろうというのだけはあった。

後から入ったヤツに「今までのスタイルを捨ててくれ。道着を着てくれ」と言った。周囲の反発には「お前らバカか。お前らと同じタイツはいて維震軍って名乗って何になるんだコノヤロー」って逆に言いたくなった。

青柳がいたんで、道着に関してはポイントポイントで色を変えようとなったとき、すぐに準備してくれた。

いろんな色でインパクトを残せたかなって思う。まあ大事なのは人に流されず、思ったことを貫くことだね。

あと青柳と彰俊には「お前ら何やってんだ！」っていつも怒鳴っていた。

プロレスのプの字も知らないで新日本のリングに上がっているので、できなくて当然だよ。俺の腹の中では「それでいいんだよ。できなくても戦いを続けていれば、それが色だからいいんだ」と思っていたけど、そう言ってしまうと彼らが緩んじゃうからね。

こうして8人になった維震軍だけど、94年1月に最初の離脱者が出たんだ。

※1980年代に活躍した長州、マサ斎藤、寺西勇、谷津嘉章、アニマル浜口、キラー・カーン、小林邦昭の軍団。

長州力との乱闘に救われた平成維震軍の自主興行

平成維震軍から青柳政司が抜けた。1994年1月のことだ。それでも俺たちの勢いは止まらない。ついには自主興行を開催するまでになったからね。

11月13日に東京ベイNKホールで旗揚げ戦が行われた。俺の相手はタイガー・ジェット・シン。

アントニオ猪木さんが89年4月24日の東京ドーム大会でショータ・チョチョシビリと戦ったときに使った円形のリングが用意された。

でも、永島（勝司＝新日本プロレス取締役）は猪木さんがやったことをこっちに押しつけてるように見えたから「俺はアントニオ猪木にはなれないから」っていう反発みたいなのはあった。

しかも、シンは飛行機が遅れたとか言って会場に来たのが午後6時。本当に来るのかやきもきしたし、体調がいいわけないから試合にならない。

試合は猪木さんがレフェリーを務め、試合にも介入した。

猪木さんも困ったと思うよ。「俺は何をすればいいの？」ってくらいに思っていたんじゃないかな。

後藤達俊の相手はウィリアム・ルスカだったり、とにかく試合内容もそうだし、みんなの体調もよくなかった。旗揚げ戦は大失敗もいいとこだよ。

旗揚げ2戦目は12月24日の後楽園ホール。

ここではサブゥーと戦ったんだけど、これは全然かみ合わなかった。「何でコイツなんだよ…」って。

普通ならそこで自主興行は終わりだよ。でも、そこから長州力さんが出てきて昭和維新軍との抗争につながる。

長州さんは口には出さなかったけど、そんなに気乗りしてなかったと思う。ただ、バックアップしなきゃいけないのに、できなかった申し訳なさはあったかもね。


長州さんといえば、95年2月12日の後楽園だ。

あの日は、昼が平成維震軍の興行で夜が新日本プロレスの興行だった。

昼は越中、後藤、ザ・グレート・カブキ組vs長州、マサ斎藤、谷津嘉章組という昭和維新軍とのカードだったんだけど、長州さんが来なかったんだよ。その絡みで切符を売ってお客さんも入っていたのに…。


昼の興行が終わって維震軍のメンバーに「みんな残れ」って言って2～3時間待たせた。

俺らは控室入り口のスペースに待機し、新日本の営業に「長州が来たら教えろ」と指示してね。

「来ました！」と連絡が来たからバーンッと控室のドアを開けて乗り込んだ。テレビ局も長州さんも知らないのに、しっかりテレビ局のカメラが撮っていたのはビックリだったな。

とにかくマイク1本で「欠場します」じゃ示しがつかないし、考えている余裕なんかない。感性で動いたようなもんだ。

そうしたら長州さんも乗ってきて乱闘になった。あれがなかったら何でもない昼夜興行だったな。

このときの昼興行ではもう一つの事件もあったんだ。

天山広吉拉致事件と天龍源一郎メンバー入りの裏事情

1995年2月12日。昼に平成維震軍、夜は新日本プロレスの興行が後楽園ホールで行われた。

昼の興行ではカードに入っていた長州力さんが会場に来ないし、維震軍入りを勧めていた天山広吉に断られるという散々な日だったね…。

天山は海外武者修行に行っていて、94年の12月に帰国した。

俺たちは「せっかく帰ってくるならハクをつけたいな」「じゃあ拉致しに行きましょう」ってなった。

東京スポーツにも言って、道場（東京・世田谷区等々力《とどろき》）を出たのが朝の4時。6

時には成田空港に着いた。

搭乗ゲートから天山が出てくるのを見つけると「おい、拉致して車に乗っけろ！」だからね…。今考えると、本当にバカだったな（笑い）。

あれ、警察がいたらどうなっていたんだろうか。それに東スポがその場にいなかったら、朝の6時にそんなことをやっても、何にもならないよな…。

天山には車の中で事情を説明した。

結局「返事をよこせ」と言ったら2月12日の後楽園ホール大会で断られたけど、もし「わかりました」だったら面白くも何ともないよ。

それに天山は、あれで帰国にハクがついたんだから。俺らのおかげだぞ、朝の6時だぞ「コノヤロー！」だよ。

とにかく維震軍時代はあれやろう、これやろうっていろいろ思いついたし充実していたね。

あと維震軍の興行では連判状を販売したことがあった。赤穂浪士のように、7人のサインを入れて母印を押してさ。

それがバカ売れしたんだ。500円くらいで飛ぶように売れたね。多いときは約300枚。

控室では1時間くらいサインして、試合前に俺たちがリングに並んで1枚ずつファンに手渡したんだ。

実はこれ、長州力さんがキッカケなんだよ。

あるとき「連判状を…」とポロッと言ったことがあって「おう、これだ！　すぐに作ろう」って思ったんだよね。

長州さんが言うことは100%当たるからすごい。

そういえば、あの売り上げは「会社に納めなくていいから」って言われ、シリーズ中に何回かみんなで食事会をしたなあ。

98年に天龍源一郎さんがメンバーに入ったときもそうだ。

長州さんに「東スポを連れてサイパンに行ってこい」って言われた。つまり次のシリーズから維震軍として戦うからデモンストレーションをやってこいということだ。普通なら「天龍が合流しました。次のシリーズから頑張ります」っていう記者会見じゃん。そうじゃなく「サイパン行ってこい」だからね。

俺たちは浜辺を走って「次のシリーズは本隊をぶっ潰してやるって！」とやったから、機運は高まったよね。

そういえばこのサイパン合宿、みんなで特訓を終えて韓国料理店に行ったんだよ。そうしたら木村健悟さんがさあ…（笑い）。

高田延彦からIWGPベルトを奪いにUインターへ

1998年6月、平成維震軍に天龍源一郎さんが入った。

合流前にグアムで合宿を行った俺たちは夜に韓国料理屋に行ったんだ。そうしたら木村健悟さんが「冷麺（れいめん）」を頼むのにかっこつけて「れんみょん持ってきて。小原（道由）は2人前食べるから10人前ね」って言ったもんだから、レモンが大量に入った大皿が3つ来たことがあった。

「勘弁してよ。普通に『れいめん』って言えばいいのに」って思ったよ…。

天龍さんが入る前に話を戻そう。

95年には新日本とUWFインターナショナルの対抗戦がスタートし、俺は高田延彦と再会した。

96年1月4日の東京ドームでは王者の武藤敬司と高田がIWGPヘビー級王座をかけて再戦したんだけど、試合直後、長州力さんから「リングに上がれ」って言われたんだ。

「ベルトの授与とかあるのに上がっていいのかな？」って思っていたけど、いざ上がると勝ってIWGPを巻いた高田がいるわけだ。

もう「おめでとう」じゃないよな。「コノヤロー、どこに上がってきてんだ？ 次は俺がいってやる！」って普通に言葉が出てきたよ。


こうして3月1日のUインター・日本武道館大会に乗り込むんだけど、そのときはそんなこともわからない。

普通なら「次はお前が挑戦者だから高田とやれ」って言ってくれるけど、長州さんはそれがないからね。

それにジュニアのときに散々やり合って、急にいなくなった高田からIWGPへビーを取り戻しにいくことになるなんて夢にも思ってなかった。筋書きのないドラマだよな。

武道館は超満員。小原と齋藤彰俊を連れていって「でっかい旗を作ってくれ。とにかくリングの上でめちゃくちゃ振ってくれ」と言った。

それは越中詩郎の高田に対する礼儀、呼んでくれたことに対する、俺からの心意気みたいなもんだよ。

ファンは昔のことを覚えていてくれたから。


平成維震軍は95年7月にザ・グレート・カブキさんが抜け、96年に野上彰（現ＡＫＩＲＡ）が加入。

だけど、99年1月には彰俊も離脱した。

この年の2月に俺と木村さん、小原、後藤（達俊）の４人で会見して解散を発表。悔いはないよ。

いろいろ失敗もあったけど、ありとあらゆる手段で7年やってきたなという満足感のほうが大きかった。

この後、長州さんに「本隊に戻ってこい」と言われたときは葛藤があったよ。ずっと敵対する位置にいたから、本隊の越中詩郎は想像がつかなかった。

いずれ「こういうことになるな」というのはどこかにあったけど、ついに来る時が来たなという感じだよね。

ここから長州さんとのかかわりが増えていって、それがＷＪプロレスにつながるんだ。

場外乱闘8

アントニオ猪木、底知れぬスケールの大きさ

猪木さんと最初に会ったのは、1985年の全日本離脱直前のハワイだった。そのときは、俺には全く期待してない感じがあったね（笑い）。「ああ、全日本から来るの？」って感じで。

ただオーラっていうのかな、猪木さんだけは、ちょっと違ったよね。例えば移動のとき。猪木さんと馬場さんだけは東京駅や羽田空港で人だかりができるんだ。

できることなら、リラックスしたジャージーなんかで動きたいじゃん。だけど猪木さんは東京駅に来るとスーツをビシッと着ていた。しかも、同じスーツを見たことがない。簡単に言うけど、簡単にできることじゃないよ。

猪木さんとの話でいちばん印象に残っているのは、部屋に呼んでくれて「世界一の金持ちになりたかったら、俺の話を」って言われたことだね。なんか説明してくれるんだけど、さっぱりわからない。牛のフンがどうとか、永久電池がどうとか（笑い）。

あと、平成維震軍をやっていたとき、新日本の事務所で小林（邦昭）さんと「住宅ローンが大変だ」なんて話をしていたことがあった。

そうしたら猪木さんがたまたま入ってきて「お前ら夢がない。俺は2～3年したら世界一の金持ちになってやる」って…。想像もつかないことを自信満々で言っていたよね。

こんな話もあった。

猪木さん、練習が始まる1時間くらい前に道場に来たことがあって、「多摩川にランニングに行ってくる」って石澤（常光）たちと出て行った。なのに、午後2時、3時になっても帰ってこない。

そうしたらタクシーで帰ってきてさ、石澤に聞いたら「奥多摩までランニングで行って、折り返しはさすがにできないからタクシーで帰ってきた」と。80~90キロを5~6時間かけてだよ。並の人じゃないよね。

だからモハメド・アリに何十億円払って借金しても、猪木さんに言わせれば「お前ら夢がない。借金してもやる時はやれよ」だよ。普通の人は背負えない額だけど、背負えるのがすごい。

平成維震軍を立ち上げたのも、猪木さんの姿を見ていたことが大きいと思う。絶対に猪木さんの影響があるね。

とにかく一歩踏み出せと。あとはあとで考えればいいじゃないかみたいな割り切り。俺らの感覚だと失敗したことを考えるじゃない。それが猪木さんにはマイナス思考は一切ない。プラス思考しかないから。

馬場さんは最後の最後まで俺に対して、腹の底では「付け人までやらせてお前を育てたのに、出ていきやがって」というのがあったと思う。でも、猪木さんはそういう恨み方はしない。新日本からいっぱい選手が出ていったけど、誰一人として「あのヤロー、出ていきやがって」みたいなのはなかった。

亡くなる前（20年9月）に信州プロレスという団体に呼ばれたんだけど、猪木さんが来るとなってビックリしてね。あいさつに行ったら、「来てくれたか」って顔が崩れるくらいの笑顔だった。

あんなうれしそうな顔は見たことがない。あれが最後だったなあ。

V 不屈

1999～

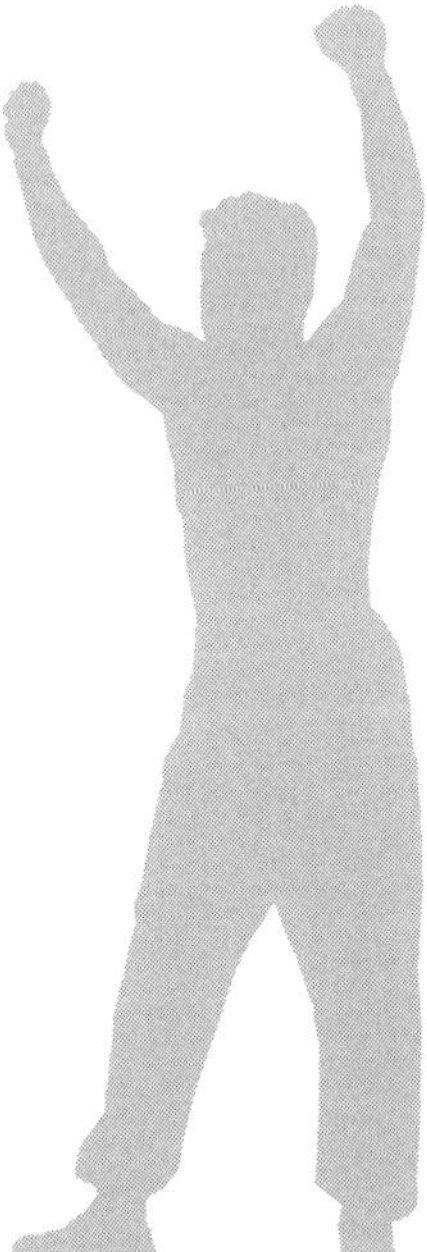

平成維震軍の解散、本隊に復帰、そして新日本プロレス退団へ

平成維震軍は1999年2月に解散し、その後は本隊に復帰した。

2003年に新日本プロレスを退団するまでは会社のほうの仕事もやっていた。長州力さんが長年、現場監督やっていて、一歩引きたいみたいになって。引くにあたり誰を立てるかってなったときに「越中に手伝ってもらったらどうか?」みたいになったと思う。

ただ、俺には向かないなって思って長州さんに話したら「じゃあ俺はどうなってもいいのか? お前の勝手で済むことか?」みたいな話になってしまって…。

やるにはやったけど、何もできなくてずっこけたと思うよ。

シリーズが終わってクタクタなのに、次の日の朝9時には長州さんを迎えに行って

会議だから。

現役でやっていても大変なのに、それプラス「やれ」って無理だよ…。

03年1月の契約満了に伴い新日本を離れた。

長州さんがＷＪプロレスをやると言うので「わかりました」とついていったんだ。

長州さんの手腕はわかっていたので、いい方向にいくと思っていたけど、早かったね…。

03年3月1日に横浜アリーナで旗揚げして（1年も持たずに事実上崩壊するまで）短い期間だったけど、これは長州さんがどうこうじゃないし、自分で決めた道だから。

「こういうこともあるよな」って後悔とかなく、スパッと割り切れるよ。

ＷＪでは役員を務めたけど、そこまで突っ込んではない。

そうだ、付け人が初めて就いたんだよ、宇和野貴史（※）が。

だけど1か月くらいで「自分のことは自分でやるから」と。

宇和野が悪いとかじゃなく、俺は俺でやるってなってね。わりとWJはゴチャゴチャしてたよね。試合どころじゃなかったんじゃないかな。「ギャラも我慢してくれ」となったのも早かった。何十％引きとかじゃなく、ゼロだから。さすがにきつかったね。

旗揚げ戦では、大仁田のオッサンと電流爆破をやった。当時も「あんな爆弾、たいしたことねえって」みたいなことを言ったけど、別に意識しなかったね。爆弾くらい何ともないなって思っていたから。

大森隆男、安生洋二らと反選手会同盟（後のレイバーユニオン）をつくったのは、長州さんら本隊と対抗するために色をつけたんだよ。でも、元祖は長州さんだから。維新軍とかつくって日本人同士の熱い戦いを見せただろ？

大森たちもこういう形がいいんじゃないかと思ったんだ。

まあ、とにかくＷＪのグチとかそういう話はしたくないね。

長州さんとの関係はずっと続けたいし、あのときはみんな長州さんが好きで来たんで。それをああだ、こうだ言っても何にもならないよ。

この後に三沢光晴とやるのも、理由はそこだよ。

ＷＪでギャラが入ってこないので、ノアに参戦するんだけど…。

※元プロレスラー。１９９８年11月にＩＷＡジャパンでデビューしＷＪを経てリキプロに移籍。08年２月に引退。

レスラー人生で一番ギャラをもらった三沢との試合

２００３年３月に旗揚げしたＷＪプロレスはすぐにうまくいかなくなり、10月にフリーに転向した。

そんなとき、俺が大変だと聞いたノアの仲田龍（※１）から連絡があって三沢光晴との間に入ってくれた。

１９８４年７月にメキシコで別れて以来。龍を入れた３人がウェスティンホテル（東京・恵比寿）で会って飯を食った。

三沢は変わってなかったね。一つだけ言われたのは「横浜文体（横浜文化体育館、現横浜ＢＵＮＴＡＩ）にしますか？　日本武道館にしますか？　チョイスしてください」って。

俺が選んだのは横浜。地域的に超満員にならないというのがあったんで「じゃあ、三沢との試合で満員にしてやろう」ってね。

こっちも奮い立つ材料をもらったよ。

その前の11月1日の日本武道館大会に乗り込み、12月6日の横浜文体で三沢とシングルをやった。

45年やっているけど、1試合で一番ギャラをもらったのはこの試合だよ。

当時の俺は困っていたじゃん。「先にお金を振り込みましょうか?」ってくらいのことを言ってくれた。

その後にノアへ上がったのも、このときのことが大きいよね。


橋本真也のゼロワンも声をかけてくれた。

平成維震軍と本隊でバチバチやっていた相手だから意外で「え?」って驚いたよ。

あれは愛知県体育館の橋本がらみの試合だったけど、終わってからも試合の興奮が残っていてさ。

控室が右と左に分かれているところでもめて、あの橋本のバカが20キロのベンチプレスのバーベルを投げてきたんだよ。青柳政司らがビックリし「越中さん、こんなの当たったら死んじゃいますよ！やっていいことと悪いことがありますよ！」って怒って、それでまたもめたんだよ。それにしても普通20キロのバーベルなんて投げられないって。

だけど、会ったときは過去に何もなかったように「越中さんが頑張ってくれればいいですよ」という感じだったよ。

団体を背負うといろいろ困ることもあるし、そのへんは大人になっていた。だから、こっちも気持ちよく上がれたね。橋本を見直したよ。

ずっと新日本とかでやっていたので、試合があるもんだと思うじゃない。それがフリーだと、お呼びがかかるまでわからない。

でもね、レスラーはこういうことが肥やしになるんだよ。人間追い込まれたら必死になってやるしかないわけで、もう開き直りだって。

ただ後輩２人が先に亡くなってしまって（※２）。元気で戦っていたことを思うと本当に残念だよ。

三沢にせよ、橋本にせよ、過去にいろいろな別れ方をしているわけじゃない。

それが何年かたって、全部忘れたかのように再会できるって不思議なもんだよな。

それは藤波さんもそうで…。

※１　リングアナでノアの取締役渉外部長。２０１４年2月に死去。
※２　橋本は２００５年7月11日に脳幹出血、三沢は09年6月13日に試合中の事故で死去。

場外乱闘9 俺だけが知る永遠のライバル・三沢光晴

プロレス人生を振り返ると、切っても切れない縁だったのが三沢光晴だね。1978年に全日本プロレスに入門したとき、俺の上に〝三羽烏〟と言われた大仁田のオッサン、渕正信さん、園田一治さん（ハル薗田）がいた。でも入った時点で5年も6年も離れていて、3人はそれぞれ海外に行っちゃうんだよ。

合宿所が俺と渕さんだけという時期も何か月かあった。広い合宿所に2人だと、やっぱり暗いんだよね。俺が入って2年半後に後藤政二（ターザン後藤）が入ってきて、それから1年もたたないで三沢が入ってきた。そうすると合宿所自体がガラッと変わった。「アイツが汗流してやってるから負けらんねえ」みたいに活気が出てくるんだよ。

三沢のときは、ジャンボ鶴田さんから「高校のレスリングで国体1位になったヤツが入ってくる」って聞いて、「すごいヤツが来るんだな」って、さすがに身構えた。でも、いざ本人と会うと普通の青年。大人しくて無口だったね。逆にやっていけんのかな?って思ったよ。

プライベートで飲みに行くことはなかったけど、三沢や京平ちゃん（和田京平レフェリー）たちと一緒に車で湘南の海に行ったことはあった。やっぱり色黒のほうがたくましく見えるじゃん。だから日焼けしようってなったんだけど、三沢は肌が白かったから赤く腫れただけだったたな（笑い）。

忘れられないのは一緒に行ったメキシコ遠征だ。当時の俺は早く海外に行きたかった。ジャイアント馬場さんの付け人が嫌で嫌でしょうがなかったから逃れたくて（笑い）。三沢は行きたいのは行きたいけど、俺と3年違うから一緒に行くのは嫌だったと思うよ。

向こうではアパートで2部屋借りて24時間一緒だった。東京で言ったら銀座みたいなところで、家賃は2人で月4万円ぐらい出した。5000~8000円のところもあったけど、なにせ治安が悪いから「命を守るため」と言われたからね。

三沢は辞書やら参考書を持っていってスペイン語を一生懸命勉強していた。しゃべれはしなかったけど「こういうことを言ってましたよ」と理解はしてたね。俺はその場のジェスチャーで何とかしたけど。あと、俺はしょっちゅう腹を壊していたんだけど、三沢は腹も壊さないし何でも食うんだよね。

それにしてもあいつ、メキシコでもモテてたなあ。メキシコ人の彼女もいた。だけど「彼女です」みたいに連れ歩くこともなく、休みの日に「ちょっと出掛けてきます」みたいな感じだった。「いいんだよ、連れてきても」と言っても、「いいえ」って連れてこないし、俺に迷惑をかけることはなかった。

しかしどこで知り合ったんだろう。多分、試合会場で練習が終わってお客さんが入って来たときに、物色と言ったら失礼だけど何かしてたんじゃないかな（笑い）。しかも、あいつは日本でもモテたからね。「えっ？　こんな街にもいるの？」って驚いたことがあったから、たいしたもんだよ。

　こっちはうらやましいというより「よくマメにできるな。見習わなきゃな」って思った。ジャンボさんも女が好きだったけど、また違うマメさだった。何よりすごいのは、女性関係でもめたところを見たことがない。あっ、大仁田のオッサンはよくもめてたけどね（笑い）。

　三沢が先に帰国して1～2か月してから、フラッとメキシコに来たことがあった。「自腹で来ました。越中さんがどうしてるかと思いまして」って言うから「俺じゃないだろ。彼女がどうしてるか気になったんだろ」って言ってやったけど（笑い）。1週間くらいいたけど、彼の精一杯の俺に対する誠意だったよね。

　日本は日本の事情があると思うけど、三沢ももうちょっとメキシコでやりたかったと思う。帰国後、すぐに長州力さんたちが新日本プロレスから全日本に来るのは全く予想できなかったから。逆に三沢もあのときに帰らなかったら、しばらく帰れなかったと思うよ。

2代目タイガーマスクになった三沢は、大変だなと思った。初代のイメージがあるじゃん。あれを超えなきゃ認めてもらえないわけだから。ただ当時の俺は、三沢のタイガーマスクより長州さんたちが全日本に上がったほうが衝撃だった。だって、俺が帰るリングがなくなっちゃったわけだから。

三沢は2009年6月13日に亡くなった。俺が知ったのは6月14日の読売新聞の朝刊だった。仲田龍（当時ノア統括本部長）からも泣きながら連絡があった。あのときはもう、本当に言葉がなかったよ。あれからもう15年がたつのか…。

自分のプロレス観を変えてくれた恩人・藤波辰爾

プロレス観が変わったのは、藤波辰爾さんの存在だね。

ちょっと時代が戻るけど、俺が全日本プロレスにいたときだから1979年かな。藤波さんがニューヨークのマジソン・スクエア・ガーデンで試合をやっているのを見た。

しかも（WWWFジュニアヘビー級）チャンピオンとして防衛戦をやっているんだからね。

技を繰り出すスピード、つなぐスピード、体のキレ、全てにショックを受けた。

「えっ？　レスラーじゃねえ…」みたいな。すごい人だなと。

レスラーとして、ああいうショックの受け方は初めてだった。

だって、普通あんなフルネルソンして投げないし、飛んでいけないって。

当時の藤波さんは90キロあるかないか。「ここに近づかないと俺は食っていけないな」って思ったね。あそこで藤波さんの試合を見てなかったら、今の俺はいないよ。

その藤波さんが、今はドラディションの興行に呼んでくれるんだから、これも不思議だよね。

２０２４年3月5日の後楽園大会に出してもらったんだけど、普通は団体から「何月何日は空いてますか？　こういう対戦相手ですがどうでしょう？」とギャラも含めて来るじゃん。藤波さんの場合、本人から電話が来て「スケジュールどうだ？」じゃなく「越中、3月5日頼むね」だから（笑い）。

せっかく電話をくれたなら世間話もしたいじゃん。なのに藤波さんがそれだけ言うと「じゃあな」って電話を切ろうとするんだよ。

「ちょちょちょ藤波さん、元気なんですか？」って慌てちゃったよ。それを言わなかったら、藤波さんとの電話はひと言で終わっちゃったって。

そうそう、あと藤波さんで思い出すのは新日本プロレス時代の「旅館破壊事件」（1

01ページ)。

新日本とUWFの選手で旅館をぶっ壊しちゃって、誰かが後片付けしないといけないって雰囲気的に思うじゃん。

それをやったのが藤波さん。朝の4時ごろにほうきを持って、各部屋をまわって掃除をしていたんだよ。

しかも各部屋に行くと、泥酔した誰かしらが気を失って倒れていたからね…。俺の部屋もひどかった。水洗トイレのポンプが外されて、水があふれ出てんだよ。やったのは後藤(達俊)のバカだよ。普通、トイレのポンプなんて外れないよ…。しかも昔の和室だったから三面鏡があったんだけど、それを後藤が投げるもんだから布団の中がガラスだらけで寝られたもんじゃない。ドアだって引けば開くのに、後藤のバカは一生懸命押してるわけ。「何だこれ？　壊れてるんか！」とボンッと蹴っ飛ばして壊していた。アイツの酒癖は悪いなんてもんじゃない。

場外乱闘10

プロレスで食えなかったときにした仕事

2024年でデビュー45周年を迎えることができた。東京工業高卒業後の1978年に全日本プロレスに入門したから、プロレス生活では46年になる。

みなさんは俺がプロレスひと筋だと思うかもしれないけど、実は他の仕事も少しだけ経験したことがあるんだ。

最初の仕事は中学2年のころ。新聞の夕刊配達の仕事をやった。毎日学校が終わると午後3時ごろに販売店に行き、まずは住所から順番を逆算して新聞を仕分ける。あの家は産経で、次は日経みたいな感じで。1日に200部配っていたから、かなりの数だよね。1か月で7000円くらいもらえたかな。当時、3万円のサイクリング自転車が欲しかったんだよ。月7000円なら4～5か月で買えたよね。本当は中学生はアルバイトをしちゃいけないと思うけど…（笑い）。

　高校時代は野球部に所属したから、とにかく金がかかる。ユニホーム、グローブ、スパイク、遠征費…。持ち出ししないといけない部分があって、親にもお願いできなかったから。そこで部員仲間2～3人と時給の高いアルバイトを見つけ、夏の間とか期間限定で働いた。

　当時は高校生を使ってくれるアルバイト先はあまりなかったけど、選んだのは羽田空港だ。住んでいた東京・狛江から小田急線で登戸に出て、南武線で川崎へ。京浜東北線で蒲田まで行って、蒲田からバスで空港に通った。仕事内容は食器を置いて並べるだけだった。あとは機械で流れていくから。洗浄して乾燥させて、向こう側には受け取る人がいる。俺は流す側だった。

　高校時代のもう一つのアルバイト先が富士フイルムだ。まず本社に行くと、その日の担当店舗を指示される。そして担当の店舗に行くと、店の前にワゴンが用意されていてね。鉢巻きを巻いて「買ってくれって！」とは言ってないけど、とにかくマイクロフォンで声を張り上げてフィルムを売った。1日に8時間くらい立っていたね。

言ってみれば東京ドームのビール売りと同じような仕事だけど、それにしても売れなかったな…。1日に1個か2個…。ただね、両方とも日給は良かったんだよ。4000～5000円だったかな。プラス交通費も出た。


全日本、新日本プロレス所属時代はプロレス一本で生活ができたから、その後は2003年に新日本を退団してフリーになってからだね。

同年に旗揚げしたWJプロレスではギャラがもらえず、生活が苦しかった。試合もあまり入ってこない時だったよね。

それで高校のときにアルバイトで働いたから土地勘があったので、また羽田空港で働くことにした。

やったのは航空機の清掃作業。

折り返しの便は前の席のポケットとベルトを直すくらいだから、5～6人の班で

20～30分でわーっとやって終わるけど、便が遅れてくると、もうパパパッとやらないといけないわけ。

夜中の最終便だとトイレから何まで全部やるんだよ。

駐機場に入る機体はまだしも、沖のほうに停車する便を担当したときは、車に乗って移動するから大変だったよ。

夜勤のときは一晩中、清掃作業に追われたからね。

チームで動く以上、ときにはあつれきも生まれた。

「試合があるときは試合を優先します」という条件で採用されていたんだけど、繁忙期に試合があって欠勤すると「何でアイツだけ」と陰口を叩かれることもあった。

あとね、若い人が多いんだよ。そうするとやっぱりぶつかるね。

班長は俺より若い人でさ。いい人もいたけど、中には何人か嫌なヤツもいるわけよ。

ときには「ふざけんなコノヤロー！　何言ってんだコノヤロー！」って言ったこともあったよ。

でもね、恥をかこうが、たいていは親子ほど年が違うヤツに頭を下げて我慢してやったよ。

このころもう一つ、意外な職業も経験した。

それがバーテンダー。

俺の同級生の知り合いに歯医者さんがいて、その人が市が尾（横浜市青葉区）の駅前に持っていた物件があってね。

前にバーをやっていた場所で改装費とかいらなくて「ここだったら働いてくれてもいいよ」って言ってくれた。

午後8時から午前2時まで働いたけど、まあ夜は大変だわ。ブルーハワイの作り方とか書いておいてもらって、それを見ながらつくったな。

その歯医者さんのご厚意で「試合があるなら店長に言ってくれれば自由にしていいよ」といろいろ配慮してもらって、結局1年くらいやったかな。ときにはファンも来たけど、別に何てことはなかったね。

このころは、収入がないのに家でゴロゴロしているわけにはいかなかったから。収入がゼロってことはプラスマイナスゼロじゃないんだよ。電気代やらローンやらあるからマイナス。

だから、そこを最低でもプラスマイナスゼロにしなきゃっていうので働きに出ていった感じだね。

カミさんだっているし。高収入みたいなのは望めないけどコツコツとね。

だって高収入なのは、それだけ危ないから。

基本は食っていけないからやっただけで、できるならやりたくなかったよね。

ケンコバ効果で再ブレーク。IWGP戦で号泣入場したワケ

２００７年はケンドーコバヤシ（お笑い芸人）が俺のことを番組（※）で紹介してくれて、驚いたことばかりだった。

実はさ、最初は全く知らなくて。移動のバスで誰かが入れたビデオで初めて見て「え？　何だ、これは？　何で俺が？」ってビックリだったよ。

あれで女性ファンが増えたのはあったよね。

うれしいよ、女性ファンは好きだから（笑い）。ケンドーコバヤシがここまで影響力があるとは思わなかった。

５月２日の後楽園大会では11年ぶりにＩＷＧＰヘビー級ベルトに挑戦した。

チャンピオンは永田裕志。

あのときの入場は、今でも覚えている。本当に申し訳なかったから。鳥肌が立って涙が止まらなかったんだ。あんな経験ないよ。

どこがってことじゃないんだけど、実はその日、すげえ調子が悪かった。

練習が終わって控室に戻っても調子が戻らなくて、ずっとストレッチをしたり体を動かしたりしていた。

キレるようにしないとなって不安のほうが大きくて、そうしたら入場のときに会場から「ワー、ワー」って大歓声が聞こえてきた。それにビックリ。

そのときだけだね、涙を流したのは。


永田裕志とのIWGPヘビー級選手権試合に臨む著者

（2007.5.2）

でもヤジっていうのかな。「始まってもないのに泣いてる場合か！」っていう声があって、それで「あっ、そうだ。こんなことしてる場合じゃないよな」ってシャキッとなった。

その声だけ聞こえたのがすごいよな。普通なら、あの大歓声の中では聞こえないけど、いいこと言ってくれたやつがいたんだよ。

このときベルトは取れなかった。

でも「対新日本」という反対側にずっといたんで「何してんだ！」みたいな罵声には慣れっこだったけど、声援を送ってくれて「それいけ！」みたいになったのはうれしかったね。

空前の越中ブーム？　ＷＪが終わっていろいろあって、ご褒美じゃないけどさ、見ててくれたのかなっていうのはあるね。

２００８年からはハッスルにも出た。

ただイメージがああいう形だったから、芝居がかったことをやらされるかと思い（山口日昇《のぼる》）社長に恵比寿のホテルで会うまではオファーを受けないほうに傾いていたんだよ。

そうしたら「何かをやってくれとは言わないので、今まで通りの越中さんを出してくれればそれでいいです」と言ってくれた。

それでOK出したんだけど、まあいろいろやらされたよね…。あれは何だったんだと（笑い）。

これもあまり言いたくないけど、ギャラが振り込まれたのは1回目だけだった。大変なときに声をかけてくれたんだなというのがわかったよ。

ハッスルでは高田延彦（高田総統？）とも再会したし、川田利明や安生洋二もいたね。天龍源一郎さんとは、この後もかかわることになるんだけど…。

※2007年1月のテレビ朝日系「アメトーーク！」で、ケンドーコバヤシが「越中詩郎芸人」として越中をプレゼンした。

レスラー40周年興行――
〝平成〟維震軍の最後の試合

２０１５年11月15日。両国国技館で行われた天龍源一郎さんの引退興行に呼んでもらった。

19年6月26日には長州力さんの引退興行（後楽園ホール）にも出てるんだ。

２人とも先輩なんだけど、年齢的には近い部分もあるので話しやすさとかあって、俺にとってはラッキーだった。

普通の人だとキャリアがないと話ができないじゃない。俺もそれなりのキャリアを積んでいたからさ。

天龍さんで驚いているのは、全日本プロレスにいたときのこと。

当時の天龍さんは海外に行ったり来たりで、あまり話をした記憶がないんだけど、米国から帰ってきたときに「コシやん、ちょっと。これ知ってるか？」とミュージックテープを見せてくれた。

「いい曲だから」ってケニー・ロジャースっていうウエスタンのカントリーミュージックを3本くらいくれたんだ。音楽を聴くイメージがなかったから「え？　天龍さんが？」って驚いたよ。

そのころから俺はビートルズが好きだったんだけど「天龍さんは米国でこういう曲を聴いていたんだな」って思った。

しかし、何で俺にくれたのかはわからないけど…。

17年からは武藤敬司の「マスターズ」に平成維震軍で呼んでもらった。

維震軍を覚えてくれているのはありがたいなって一番に感じたね。ふるさとじゃないけど、帰ってきたなって。

（齋藤）彰俊とか（ザ・グレート）カブキさんとかツーカーで動いてくれる。控室で

「こういうことやろう」って相談は全くないし、出たとこ勝負で息が合うって、なかなかないよ。

「覇」の大旗はカブキさんが持っていたんだ。何でカブキさんのところにあったんだろうね。

道着も黄色とか新しい色を使ったね。青柳政司がすぐスポンサーをつけてくれて「道着代出してくれる方がいますから」って言ってくれて。

19年1月30日には後楽園で俺の40周年興行をやってもらった。

そのとき、一つだけリクエストしたのが「新しいメンバーを入れてインパクトを出したい」だった。

頭の中には真霜拳號《ましもけんご》しかいなかったね。タッグを組んだことがあって、動きとか見てひと目ぼれみたいな感じで。

ただ、その先があるかわからないから、受けてくれるかなっていうのが心配だった。

せっかく呼んでも一発ではあまりに申し訳ないから。真霜は快く受けてくれて良かったよ。
確かに維震軍は１９９９年2月に解散したけど、現在進行形なのかなあ。
２０１９年は5月から元号が令和になったから、平成最後の平成維震軍になった。
とにかくファンの人も維震軍を覚えていてくれたのは本当にありがたいよ。
今後？　呼んでくれて、ファンが来てくれればだね。
声がかかるかなぁ。

場外乱闘11 ビートルズとプロレス

今回は自分の趣味について語ろうか。

今の一番の趣味と言えばゴルフだなあ。

あと、昔から好きなのが時代劇。特に遠山の金さんとか水戸黄門がいいね。例えば水戸黄門だったら、最後の最後に印籠が出てくるとか、金さんが出てきて一件落着みたなワンパターンなのが好きなんだよ。「そろそろ来るかな…あっ、来た！」みたいな。


あと音楽ね。ビートルズはハマったなあ。最初は中学時代だった。周りの友達はステレオとか持っていたけど、俺は持ってなくてね。ヨシダっていう友達を連れて電気屋に行って、ポータブルのステレオを買ったんだよ。そのときにＬＰレコードを売っていて、ヨシダが「今、はやっているみたいだよ」って「レット・イット・ビー」のレコードを出してくれたから買ったんだ。

それで聴いてみたら「これはすげえ」ってハマっちゃったわけだ。耳に入ってきて、離れないくらいの衝撃だった。それこそレコードがすり切れるくらいまで聴いちゃったよ。

そこからビートルズを全部集めた。でも、今みたいにネットもなくて情報が入ってこないから、とにかくレコードで聴くしかない。「あっ、ビートルズは英国なんだ。リバプールに行ってみたいな」って思ったね。

ちなみにそのヨシダ、今は音楽専門学校の先生をやっているんだよね（笑い）。

最初にレコードを買った時点でビートルズはすでに解散していたんだけど、ポール・マッカートニーのライブは3回くらい行った。ポールが大麻の所持で捕まり中止になった１９８０年の日本公演もチケットを取っていたんだよ。

新日本プロレスにいた２００２年11月の日本公演のときは「誰か切符を取ってく

れる人、いないかな？」って探して、いい席を取ってもらった。ポール・マッカートニーを東京ドームの15列目の席で見たからね。

あとリンゴ・スターのライブも行ったなあ。ジョージ・ハリスンは行けなかったんだけど。

やっぱり音楽は好きだし、今でもよく聴く。

今好きなのは宇多田ヒカルかな。耳に入ってきて、いい歌うたってるなって。プロレスを見ててもリズム感のないやつっているじゃん。メリハリがなかったり、サビがないとか。全く違うのかもしれないけど、「ビートルズ聴けよ、オイ！」って思うよね。ビートルズはちゃんとサビとかあるから。

あと売れないミュージシャンって、特徴のないメロディーじゃん。それじゃあ売れないよって思うよ。なにせ俺の場合は最初にビートルズを聴いちゃったからね（笑い）。

それにビートルズの曲の歌詞って、そんなに難しい英語を使ってないだろ？　中学生の英語授業の教材として使うくらいらしいし。メロディーラインもそんなに難しくない。なのに世界中で愛される曲ばかりだから、本当にすごいよね。

プロレスラーで音楽の話ができたのはジャンボ鶴田さんだけだった。ジャンボさんも好きで、ギターを弾いていたから。

「越中くん、今は誰がいいかね？　チャゲ&飛鳥はどうかね？」とか「矢沢（永吉）はどうかね？」とか、よく聞かれたなあ。

俺が「井上陽水とか吉田拓郎が好きですけどね」と答えたら、「うーん。渋いね」って言ってたよ。

それにしても、一度でいいからリバプールには行ってみたいな。

65歳を超えても現役。まだまだ「やってやるって！」

2020年から長野県の原村に住み始めた。カミさん（※）がここを選んでくれたんだ。

車を買おうかなと思っていたんだけど「こっちで家を買わない？」みたいな話をしてくれて。「ちょっと探してみようか」「おっ、ここいいね」とぱっと決まった。

コロナ前だからお手頃な値段で、それも良かったんじゃない。

縁もゆかりもない地だし、知り合いがいたわけじゃないけど、こっちに来てよかったなって思う。

俺らの商売は毎日毎日、地方に移動するという誰にも経験できないことをしてきてるわけじゃん。行ってない町なんかない。それで今、長野に住んでいるって不思議な感じだね。

東京だったらバスに乗って地下鉄に乗って車なんていらないけど、こっちは車がなきゃ生活ができない。

東京だとエアコン入れて終わりだけど、こっちは木を仕入れて長さを揃え、割って、乾かしてだから。

まきは割っても乾かさないといけないから来年の冬に使えるかどうか。ストーブに入れたときに湿気があると煙が出て燃えないんだよ。冬はマイナス10度以下になるから朝の5時からたくんで、あっという間になくなる。


だけどさ、その不便さが新鮮で魅力なんだ。

空気がうまくて水がうまいのって最高だよ。

あとね、近くに温泉が10か所も20か所もある。カミさんが調べてくれるんだけど、行くと体に染み込んでくるっていうのかな。「あっ、こんなに温泉っていいのか」ってね。

3月でデビュー45周年だけど、あっという間だよ。全日本プロレスに入門したのも、ちょっと前の感覚。この試合は楽だったなっていうのは一つもない。状態が良くないときも、苦しいときもあった。そんな思い出しかない。だってそういう世界だから。

でも、そんな中で頑張ってきて、いい人に巡り合えたなって。ケツ叩いたり、背中を押してくれた人がいなければ俺はないから。

今後も呼んでくれるんであれば、しっかりトレーニングの時間をつくって準備する。期待して呼んでくれるから、それには応えたいなって。

月に何試合とか年に何試合やろうとかは考えてない。いい状態にしてリングに上がりたいってだけだよ。いつまでとは決めず、声がかかればね、やっていきたいなって思う。

いまだに「あの当時見てました」って声をかけてくれる人がいる。東スポに連載された俺の記事を見て「面白く読ませてもらいました」って方も結構いた。本当、感謝しかないいね。

いろいろなチームがあったけど令和に平成維震軍が残ってる。「維震軍でやってくれないか」って言われると、応援してくれていた人がいたんだなって。

ありとあらゆる人に感謝を込めて。越中詩郎はまだまだやってやるって！

※当時の担当記者が「マット界一の美人広報」と口を揃えた元新日本プロレス広報の直美夫人。

青春新書
INTELLIGENCE

こころ涌き立つ「知」の冒険

いまを生きる

"青春新書"は昭和三一年に——若い日に常にあなたの心の友として、その糧となり実になる多様な知恵が、生きる指標として勇気と力になり、すぐに役立つ——をモットーに創刊された。

そして昭和三八年、新しい時代の気運の中で、新書"プレイブックス"にその役目のバトンを渡した。「人生を自由自在に活動《プレイ》する」のキャッチコピーのもと——すべてのうっ積を吹きとばし、自由闊達な活動力を培養し、勇気と自信を生み出す最も楽しいシリーズ——となった。

いまや、私たちはバブル経済崩壊後の混沌とした価値観のただ中にいる。その価値観は常に未曾有の変貌を見せ、社会は少子高齢化し、地球規模の環境問題等は解決の兆しを見せない。私たちはあらゆる不安と懐疑に対峙している。

本シリーズ"青春新書インテリジェンス"はまさに、この時代の欲求によってプレイブックスから分化・刊行された。それは即ち、「心の中に自らの青春の輝きを失わない旺盛な知力、活力への欲求」に他ならない。応えるべきキャッチコピーは「こころ涌き立つ"知"の冒険」である。

予測のつかない時代にあって、一人ひとりの足元を照らし出すシリーズでありたいと願う。青春出版社は本年創業五〇周年を迎えた。これはひとえに長年に亘る多くの読者の熱いご支持の賜物である。社員一同深く感謝し、より一層世の中に希望と勇気の明るい光を放つ書籍を出版すべく、鋭意志すものである。

平成一七年　　刊行者　小澤源太郎

著者紹介

越中詩郎〈こしなか　しろう〉

1958年東京都出身。高校卒業後に就職するも、プロレスラーになる夢をあきらめきれず、78年7月に全日本プロレス入団。79年3月5日に園田一治戦でデビュー。83年4月、ルー・テーズ杯争奪リーグ戦で三沢光晴を破り優勝。翌年、三沢とともにメキシコへ遠征し、サムライ・シローの名で活躍する。85年より新日本プロレスに戦いの場を移し、高田伸彦(現・延彦)との名勝負や、平成維震軍を結成してリーダーとして奮闘するなど、数々の熱い戦いでファンを魅了する。2003年に新日本プロレス退団後は、WJプロレスを経てフリーランスに。24年にデビュー45周年を迎え、いまなお現役レスラーとしてその勇姿をファンに披露している。185センチ、105キロ。

侍《さむらい》レスラーの
反骨《はんこつ》のプロレス熱闘記《ねっとうき》

青春新書
INTELLIGENCE

2024年 11月15日　第1刷

著　者　越《こし》 中《なか》 詩《し》 郎《ろう》

発行者　小 澤 源 太 郎

責任編集　株式会社プライム涌光

電話　編集部　03(3203)2850

発行所　東京都新宿区若松町12番1号 〒162-0056　株式会社青春出版社

電話　営業部　03(3207)1916　振替番号　00190-7-98602

印刷・中央精版印刷　製本・ナショナル製本

ISBN978-4-413-04709-8

青春新書インテリジェンス　好評既刊

青春新書 INTELLIGENCE

俺が戦った真に強かった男

天龍源一郎

引退試合を戦ったオカダ・カズチカの「天龍さんへの檄文」も掲載！

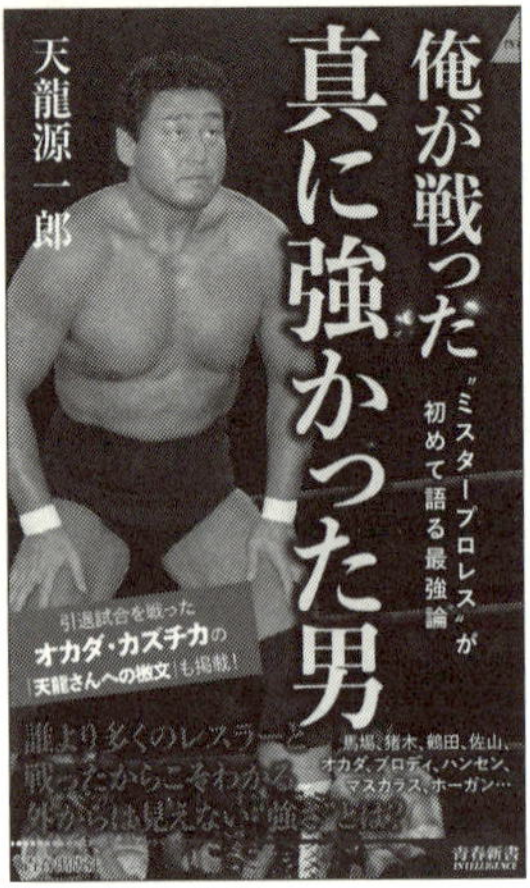

誰より多くのレスラーと戦ったからこそわかる
外からは見えない"強さ"とは？

ISBN978-4-413-04660-2　990円

たった2分で確実に筋肉に効く

山本式「レストポーズ」筋トレ法

山本義徳

メジャーリーガー、プロスポーツ選手、格闘家…
を指導してきたカリスマトレーナーが
伝授する、効果絶大の筋トレ法

ISBN978-4-413-04679-4　1090円

お願い　ページわりの関係からここでは一部の既刊本しか掲載してありません。折り込みの出版案内もご参考にご覧ください。

※上記は本体価格です。（消費税が別途加算されます）
※書名コード（ISBN）は、書店へのご注文にご利用ください。書店にない場合、電話または Fax（書名・冊数・氏名・住所・電話番号を明記）でもご注文いただけます（代金引換宅急便）。商品到着時に定価＋手数料をお支払いください。
〔直販係　電話03-3207-1916　Fax03-3205-6339〕
※青春出版社のホームページでも、オンラインで書籍をお買い求めいただけます。ぜひご利用ください。〔http://www.seishun.co.jp/〕